纪念钱穆先生诞辰130周年

钱穆在香港

周佳荣 著

中国出版集团 东方出版中心

图书在版编目(CIP)数据

钱穆在香港 / 周佳荣著. -- 上海：东方出版中心,
2025.4. -- ISBN 978-7-5473-2694-7

Ⅰ.K825.81

中国国家版本馆 CIP 数据核字第 2025YV6960 号
上海市版权局著作权合同登记　图字：09-2025-0065 号

本书原由三联书店（香港）有限公司以书名《钱穆在香港：人文·教育·新史学》出版，现经由原出版公司授权东方出版中心在中国内地独家出版、发行。

钱穆在香港

著　　者	周佳荣
策 划 人	刘佩英　肖春茂
责任编辑	肖春茂
封面设计	青研工作室

出 版 人	陈义望
出版发行	东方出版中心
地　　址	上海市仙霞路 345 号
邮政编码	200330
电　　话	021-62417400
印 刷 者	山东韵杰文化科技有限公司

开　　本	890mm×1240mm　1/32
印　　张	7.625
字　　数	120 千字
版　　次	2025 年 4 月第 1 版
印　　次	2025 年 4 月第 1 次印刷
定　　价	58.00 元

版权所有　侵权必究
如图书有印装质量问题，请寄回本社出版部调换或拨打021-62597596联系。

1978年,钱穆先生回港参加新亚校庆活动演讲时摄

钱穆伉俪回港参加校庆活动,与新亚研究所师生合照。站立者中,一排右三是孙国栋先生,一排左三是严耕望先生,一排左二是新亚研究所毕业生张伟国(时在树仁学院历史系任教)

新亚中学图书馆内的钱穆先生像

新亞研究所牌匾

新亚书院图书馆

新亚书院圆亭教室

王德昭教授

刘家驹先生(中)、李金强(右)、周佳荣(左)

新亚书院历史系部分师生合照(1972—1973)

简体版序
纪念钱穆先生诞辰 130 周年

著名教育家、史学大师钱穆先生在香港创办新亚书院和新亚研究所，至今已逾七十年了。如果用孔子形容人生历程的说法，就是"七十而从心所欲，不逾矩"。这些年来，新亚书院、新亚研究所也好，新亚文商书院、新亚中学也好，都在一定程度上继承了当年的新亚传统，发扬了新亚精神和新亚学风。

对于"新亚精神"，《新亚校歌》已简明扼要地提到了，"十万里上下四方，俯仰锦绣；五千载今来古往，一片光明"。自大学时代起，这几句就已深深地印在我的脑海里，为传承中国文化，"千斤担子两肩挑，趁青春，结队向前行"。

至于《新亚学规》，其所列的都是为学与做人的信念和守则，结语强调要敬爱学校、师长、学业与人格，凭学业与人格来贡献于敬爱的国家与民族，来贡献于敬爱的人类与文化。"对历史文化要抱持'温情与敬意'",这是钱先生常留在人们心中的一句话。

1962年,钱先生在新亚研究所出版的《东南亚研究专刊·发刊辞》中指出:"我们该根据以前各民族的旧历史来发扬此下世界人类的新精神,我们也该根据此下世界人类的新精神来探求以前各民族的旧历史。"他又强调"我们以中国人的身份来研究南洋各地的旧历史,但我们并不采取一种狭义的民族观"。这番话语,实亦可以视为开展东南亚研究乃至亚洲研究的宣言。我在致力于中国史教研工作之余,兼及东南亚史和日本史。近年在新亚研究所成立亚太研究中心,就是本着此一宗旨。

1973年暑假,我毕业于新亚书院历史系,书院从九龙农圃道迁入新界香港中文大学现址,是五十多年前的事了。长期以来,大学同班同学常有聚会,不忘当年的校园生活,是十分难能可贵的。我从香港浸会大学退休后,每当回到农圃道新亚研究所讲课,往事如在眼前,颇有数十年如一日的感觉,希望把我的所学和所知,与现时的研究生和听讲者分享。

钱先生当年为家境贫困的学生安排了一些德政,例如,香港中文大学三个成员学院之中,崇基学院和联合书院都规定学生入学时要缴交半年学费，新亚书院则容许按月缴交，此安排惠及我这个穷学生，让我可以顺利入学，这一直是我所感念的。欣闻拙著即将印行简体版，谨作此序以纪念钱穆先生诞辰 130 周年。

周佳荣敬识

2025 年 3 月 10 日

序
说不完的新亚

佳荣兄撰新著,并嘱作序。

出版社一送抵校对稿,看了书名,立刻搁下案头工作,一口气认真地阅读,三日而毕。全稿通读了一遍,心头涌现王勃《秋日登洪府滕王阁饯别序》中的几句话:"所赖君子见机,达人知命。老当益壮,宁移白首之心?穷且益坚,不坠青云之志。"这几句话,直接浓缩了我对佳荣兄撰写此书的情怀和意向的理解。

与佳荣兄论交已逾五十年。自入新亚书院,至香港中文大学研究院,然后负笈日本同校同系,三度同窗;之后,因学术文化与文字的往来,四十多年不辍,可说是世缘匪浅。五十年的相交,也成为知己。佳荣兄真是读书种子,日以书本为伍,是一个整天与书籍打交道的人。大学开始,他已致志于史学的研究,虽有文学情怀也富文采,却以为余事。他勤于著述,数十年如一日。二十年前,曾刻了"依然白发一书生"和"书生意气"两方闲章,以自励自况,看来,用之以喻佳荣兄,更恰当不过。

佳荣兄退休后,教书、演讲和撰述如故,依旧没啥闲逸,大有"不知老之将至"之慨。在我看来,退休后的他,最大的不同,是摆脱了现行学术和大学教育的各种羁绊,可践行自己的意愿。比如会花更多的精力和时间,以从事弘扬文化、普及学术的写作。佳荣兄几十年来,除研究和撰述学术论著外,也一直努力于学术文化的弘扬和普及工作,自始就不是一个只会埋首故纸堆的学者。退休以后,更能率性随心而已。近年他用心撰写了好几本深入浅出的史学著作,大裨益于后学,就是最好的明证。真正的学者,大都在学术著述之外,不忘以自己坚实的学养,通透的观点,撰写深入浅出、广益后学和社会大众的著作。此书的传主钱宾四先生,就是一个很典型的例子。这原该是学人的一种文化责任,一种教育责任。深受新亚人文精神熏陶,浸淫于"通经致用"的新亚史学学统的佳荣兄,更明白这种道理。谓他"老当益壮,宁移白首之心?穷且益坚,不坠青云之志",岂为过哉?!

关于三国时代的诸葛孔明,有这样的一个记载:"桓温征蜀,犹见武侯(诸葛亮)时小史,年百余岁。温问:'诸葛丞相今谁与比?'答曰:'诸葛在时,亦不觉异,自公没后,不见其比。'"这是一个小人物,经三国魏晋纷乱之极的世变,对被誉为"三代之后第一人"、自己面识而已的诸葛孔明,有这样的印象,说出了这样的感受。话似寻常,却很真实,细想一下,会觉意味深长。英雄不世出,圣贤何独不然!作为新亚精神最上扬、历史学系师资最鼎盛的农圃道时代的新亚书院的过来人,阅毕佳荣兄这本著作,对钱宾四先生之在香港,真有像蜀国小史所说的感受。佳荣兄这本著作,从史学、历史教育和文化影响三方面入手,奠基于有关宾四先生和新亚书院的丰富文献和著作,糅合了自己在学时的切身闻见和体验,再经几十年在学术和文化教育界的体会,而写成的。"文章为时而作",此时此地,撰著以抉发钱先生的潜德幽光,其价值岂止是阐释钱先生在香港的往迹而已矣!

在此著作中,无论旨题和内容,佳荣兄阐述和分析得已很周至透彻,结构也很完整,鄙人实少所置喙和补充的余地。佳荣兄的文字,素以清通流畅见称,也无必另作解人。既承佳荣兄的不弃,嘱为序,谨借此略及与佳荣兄的世谊和对他的认识,作为同为新亚旧侣的一份文字纪念。

陈万雄
(太平绅士,香港联合出版
集团副董事长兼总裁)

自序
钱穆、新亚与香港文教事业

史学家钱穆 54 岁来港，以坚毅的信念和过人的魄力创办新亚书院和新亚研究所，离任后于 72 岁时移居台湾，在香港的 18 年间，成就了他一生最重要的教育事业，他长期以来建构的史学体系至此亦宣告完成。钱穆生前出版的最后一本书是《新亚遗铎》，收录新亚校训、学规、校歌及讲词、文稿等，可见他晚年对新亚时期教研事业的重视，并且在回忆中一直念念不忘。

1963 年香港中文大学成立，是继香港大学之后本地的第二所大学。香港中文大学的三个成员学院之中，新亚书院的创建早于崇基学院和联合书院，也早于其他私立大专院校如香港浸会学院（香港浸会大学前身）等，足见其在香港高等教育中的重要性。现时新亚书院和新亚研究所的校训都是"诚明"，很少人知道创立时的宗旨是"人文"，一直沿用了六年，到 1955 年。人文精神是新亚创校的初衷，是新亚精神的根源。

书院是中国教育的传统，新亚是要弘扬宋代以来的书院制度。书院译成英文就是 college，不过在香港，college 译成中文却分两级，一般中等学校和大专院校是"书院"，再高一级的书院叫作"学院"。崇基一开始就是学院，新亚和联合至今都是书院；浸会是由书院升格为学院，再升格为大学的；树仁亦一样由书院升至学院再升至大学，珠海也是由书院升格为学院的。以继承中国书院办学为职志，新亚是明显的例子。

梁启超在20世纪初年提倡"新史学"，影响中国学术界至巨。钱穆早年编著《国学概论》，即采梁氏《清代学术概论》大意，作分期叙述，其《中国近三百年学术史》亦可与梁氏同名之书相提并论。钱穆在香港期间，尤致力于历史教育，编撰多种普及著作，新亚历史系开本地高等教育之先河。钱穆著《中国历史研究法》一书，亦与梁启超的著作同名。"新亚史学"谓为演绎梁启超新史学的主张，亦曰得宜。

钱穆生于1895年7月30日，2020年适逢钱穆诞生125周年纪念，本书谨以"钱穆在香港"为题，阐述他对本地高等教育的贡献，从新亚书院和新亚研究所的创办与发展，到促成香港中文大学的成立、人文精神的提倡，以及新史学的成长。本书副题"人文・教育・新史学",就是要表达钱穆为香港学界带来的影响。

2017年,拙著《钱穆史学导论——两岸三地传承》出版时,本拟兼论当年新亚书院诸位师长一时无两的学术气象,但只有寥寥数语提及。本书尽量在相关的地方加以介绍,希望可以从更广阔的角度彰显钱穆在港办学的情形。另辟《新亚史学家》一篇,记述创办初期的师生传承,而这九位学者都是我在史学研究成长历程中引领前路的恩师和前辈。述往事,思来者,战后香港高等教育此一精彩阶段,相信很多宝贵的经验可供参考。

大学时代的同窗,毕业后仍常往还,光阴荏苒,不觉已近半个世纪了。挚友陈万雄兄拨冗为本书撰序,尤有多重意义;张伟国兄提供钱穆晚年回港参加活动的照片,保留了珍贵时刻的影像;梁伟基博士亦给予了大力支持,使本书得以顺利完成;还有浸会大学历史系和新亚研究所同事师生的关怀,在此一并致谢。是为序。

周佳荣
2020年2月25日
于新亚研究所

题识

　　本书记述著名史学家钱穆1949年来港创办新亚书院的经过，1953年成立新亚研究所的宗旨，以及1963年香港中文大学创立前后，新亚书院与崇基学院、联合书院加入的情形。新亚书院早期的教育宗旨是人文主义，1955年才以"诚明"作为校训；钱穆的办学活动，影响所及，并不限于新亚，功在全港，尤其是中文教育。他致力弘扬中国文化，促进新史学的发展，新亚书院于1956年将文史系分为中文、历史两系，历史系开香港高等院校创系先河，中国史、西洋史、日本史及东南亚史兼备，规模恢宏，培养了不少人才。

　　新亚书院历史系在钱穆的领导下，名师辈出，有牟润孙、严耕望、全汉昇、王德昭、陈荆和等，而由他们培养出来的早期学者，或留校任教，或受聘本地和海内外高等院校，卓有成就。孙国栋出任新亚研究所所长，章群任教香港大学中文学院，刘家驹担任香港浸会学院（香港浸会大学前身）历史系系主任，苏庆彬任教香港中文大学历史系，在本地学府的不同岗位传承新亚学风，各有其代表意义。

本书包括两部分：上编"钱穆与新亚：从书院到研究所"，分九章阐明钱穆在香港办学的历程，至1967年离港，前后共18年；下编"新亚史学家：早期的师生传承"，亦分九章，旨在说明农圃道时期历史系的学术气象。向来关于钱穆的著作，大多集中于介绍新亚书院，本书则通过新亚研究所的教研活动，更深入地论证钱穆的新史学成就和实践，并分述校内史学诸师的专长，以及师生之间的学术传承。

目 录

简体版序　**纪念钱穆先生诞辰 130 周年**

序　**说不完的新亚 / 陈万雄**

自序　**钱穆、新亚与香港文教事业**

题识

上编　**钱穆与新亚：从书院到研究所**
　第一章　早年事迹：来港前的教研活动 / 007
　第二章　新亚书院：创办经过和教育理念 / 020
　第三章　桂林街时代：坚毅的新亚精神 / 033
　第四章　人文教育：创校初期树立的宗旨 / 049
　第五章　新亚研究所：推动中国学术文化 / 056

第六章　农圃道校舍：新阶段的奠基和开展 / 065
第七章　新亚历史系：香港院校开创先河 / 076
第八章　香港中文大学：高等教育新里程 / 085
第九章　弘扬新史学：著述的丰盛和普及 / 091

下编　**新亚史学家：早期的师生传承**

第十章　牟润孙：经学史和中国史学史 / 105
第十一章　严耕望：中国政制史与历史地理 / 135
第十二章　全汉昇：中国经济史及近代社会经济 / 145
第十三章　王德昭：西洋史与中国近代思想 / 156
第十四章　陈荆和：日本史及东南亚研究 / 166
第十五章　孙国栋：出任新亚研究所所长 / 176
第十六章　章群：任教香港大学中文系 / 184
第十七章　刘家驹：香港浸会学院历史系主任 / 190
第十八章　苏庆彬：新亚书院历史系主任 / 199

附录　**钱穆在香港的活动和著述**

主要参考书目

上 编

钱穆与新亚：
从书院到研究所

著名历史学家钱穆自学成材，早年任教小学、中学18年，终于成为大学教授，先后在燕京大学、北京大学、清华大学和北平师范大学等校讲学。抗日战争期间，任西南联合大学教授；后在成都主持齐鲁大学国学研究所，同时在齐鲁大学兼课；复应邀转入华西大学文学院，兼四川大学教席。抗战胜利后，赴昆明任五华学院研究所所长，并为云南大学兼任教授；旋转到江南大学，任文学院院长。1949年春赴广州，任华侨大学教授；同年秋天，随校赴香港。适张其昀、谢幼伟、崔书琴创办亚洲文商学院（通称新亚文商夜校），任为院长。

　　次年，钱穆改夜校为日校，易名为新亚书院，任常务董事、院长。1953年秋，创立新亚研究所，次年兼任所长。1956年，农圃道校舍落成，是新亚书院有自设校舍之始。1950年以来的"桂林街时代"至此结束，"农圃道时代"直至1973年书院迁入新界沙田为止，凡18年。新亚研究所初时租用太子道楼宇一层，后随书院迁到农圃道校舍，书院和研究所从分立到合一，教研工作有飞跃性的进展。文学院的本科生毕业后，可入研究所进修，攻读硕士课程，在钱穆担任所长期间培养了一批文学、历史、哲学人才。

1963年10月，香港中文大学成立，新亚书院是三个成员学院之一，与崇基学院、联合书院鼎足而三。钱穆于1965年6月卸任新亚书院院长职务，当时他已70岁。同年赴吉隆坡，任马来亚大学教授，几个月后返港，开始撰写他毕生代表性的巨著《朱子新学案》。1967年10月迁居台湾，次年入住台北的素书楼。

钱穆54岁来港，在香港居留18年，完成了他一生最重要的办学事业，其间出版的著作多达20种。他来港前出版的著作之中，以《先秦诸子系年》《中国近三百年学术史》和《国史大纲》最具代表性；在港期间出版的《秦汉史》《两汉经学今古文平议》《史记地名考》和《宋明理学概述》是学术性著作，其他的则多以普及为目的，包括《中国历代政治得失》《中国思想史》《中国思想通俗讲话》，影响较为广泛。至于《文化学大义》和《论语新解》，是在此前已刊著作的基础上再加发挥，更上一层楼，前后辉映。文化学和论语学，是钱穆后期学术的两大亮点。钱穆在香港期间出版的主要著作见下表。

钱穆在香港期间出版的主要著作一览

书　名	出版地（机构）	出版年份
《国史新论》	香港、台湾（自印本）	1951
《庄子纂笺》	香港：东南出版社	1951
《中国思想史》	台北：中华文化出版事业委员会	1952
《中国历代政治得失》	香港（自印本）	1952
《中国历史精神》	印尼：耶加达〔雅加达〕天声日报	1952
《文化学大义》	台北：正中书局	1952
《四书释义》	台北：中华文化出版事业委员会	1953
《宋明理学概述》	台北：中华文化出版事业委员会	1953
《人生十论》	香港：人生出版社	1953
《中国思想通俗讲话》	香港（自印本）	1955
《秦汉史》	香港（自印本）	1957
《庄老通辨》	香港：新亚研究所	1957

续 表

书　　名	出版地（机构）	出版年份
《两汉经学今古文平议》	香港：新亚研究所	1958
《学籥》	香港（自印本）	1958
《民族与文化》	台北：联合出版中心	1960
《湖上闲思录》	香港：人生出版社	1960
《中国历史研究法》	香港：孟氏教育基金会	1961
《史记地名考》（上、下）	香港：太平书局	1962
《论语新解》	香港：新亚研究所	1963
《中国文学讲演集》	香港：人生出版社	1963

钱穆在香港出版的著作，计有 14 种，其中 5 种是自印本，人生出版社和新亚研究所各 3 种。

第一章
早年事迹：来港前的教研活动

自学和成长之路

钱穆（1895—1990），江苏无锡人。7岁入私塾，后在家读书；10岁入果育小学，两年后与兄长一同考入常州府中学堂。监督（即校长）屠宽的父亲屠寄（1856—1921）是著名史学家，尤擅长蒙古史和元史；这位"太老师"的书房陈设和书桌上摆放的文稿，深深打动了钱穆。校中有位教历史和地理的老师吕思勉，后来成为史学名家，钱穆也从他那里学得很多知识，终生受用①。

吕思勉（1884—1957），字诚之，1907年至1909年间在

---

① 钱穆著《八十忆双亲师友杂忆合刊》，《钱宾四先生全集》（台北：联经出版公司，1998年）第五十一册，第51—52页。

常州府中学堂任教,是校中最年轻的教师,时有鸿议创论,为学生所推敬,他对钱穆深为奖掖。钱穆成名后,仍常与吕师作学术切磋,互相欣赏,互有补益[1]。学界每以钱穆的《国史大纲》与吕氏的《中国通史》(上、下册)和《白话本国史》相提并论,至今仍是各具特色的中国通史代表性著作。

1911年,钱穆16岁时,入南京钟英中学。这年辛亥革命爆发,翌年钱穆辍学家居,矢志自修,后兼小学教师。商务印书馆编印的《东方杂志》征文,钱穆参加并获三等奖。他在小学教国文和史地课,1919年24岁时任小学校长,学校规模很小,连钱穆在内只有三个教师。他朝夕勤奋读书三年,分早、午、晚三个时段读经子、杂书和史籍,学问大进,同事誉他为博学之人[2]。

钱穆出版的第一本书是《论语文解》(上海:商务印书馆,1918年),获报酬100元书券,他用来购买经史子集四

---

[1] 严耕望著《钱宾四先生与我》(台北:台湾商务印书馆,1992年),第5页。

[2] 周佳荣著《钱穆史学导论——两岸三地传承》[香港:中华书局(香港)有限公司,2017年],第13—14页。

部中所缺之书①。他一生勤读《论语》，实自此时开始。1922年赴福建厦门集美学校任中学国文教师，第二年转到无锡江苏省立第三师范学校任教，开《论语》课，编成《论语要略》（上海：商务印书馆，1925年）；讲《孟子》，编成《孟子要略》（上海：大华书局，1926年）。钱穆自云勤于著述，实亦由于"窘困无以为活"，《墨子》七日而成，《王守仁》于学校开课前旬日为之，又售《惠施公孙龙》旧稿以济家贫，《周公》则是摘译日人林泰辅的《周公与其时代》，上述诸书，均由商务印书馆于1930年至1931年间出版。

从考证孔子行踪开始

早在1923年，钱穆于无锡三师讲授《论语》时，便开始

---

① 朱少璋主编《沈燕谋日记节钞及其他》［香港：中华书局（香港）有限公司，2020年］，1954年7月29日载，《论语文解》书成，"邮致商务印书馆，主商务印书馆编辑者称书可用，愿得版权，而以印行成书200部为酬。钱先生请易书以金，商务许焉，立致本馆书券值200金为报。先生得券，诣乡之书肆与商，以券易书，而不限于商务出版者，书肆许诺。先生由是得其他上海书坊石印四部要籍数十种以归，穷年累月，勤读不倦，学以大进"。（第166页）所记较钱穆自述为详，书券200元则应为100元之误。（第166页）

考证孔子行踪，经过七年时间，终于写成 30 万字，对春秋战国诸子百家作了全面而详细的探讨。当时四川学界领军人物之一的蒙文通（1894—1968），到苏州中学探访钱穆，读《先秦诸子系年》书稿手不释卷，认为功力不在"乾嘉诸老"之下。著名史学家顾颉刚（1893—1980）看到书稿后，嘱钱穆寄稿到他负责的《燕京学报》，钱穆的《刘向歆父子年谱》刊出后，即引起学界注意。

1930 年秋，顾颉刚推荐钱穆到燕京大学任国文讲师。次年任国立北京大学历史系副教授，这是他在大学讲授历史课程之始；旋升任为教授，并在国立清华大学、私立燕京大学、国立北平师范大学（北京师范大学）兼课。钱穆初在北京大学任教时，校方规定要担任"中国上古史"和"秦汉史"两科，钱穆自选的科目是"中国近三百年学术史"。名家梁启超（1873—1929）曾在清华国学研究院开设此科，所撰《中国近三百年学术史》已于 1924 年在报刊上开始发表，1926 年出版单行本；钱穆认为彼此意见相异，因而在北大开设相同科目，并且自编讲义，取径与梁氏迥殊，历时五载而成《中国近三百年学术史》（上、下册）（上海：商务印书馆，1937 年），一时颇受重视，成为他的代表作之一。概略地说，梁著比较重视近三百年间学术"外缘因素"的解释，钱穆则多注意"内在理路"的分析，两人观点的差异盖在于此。梁著具开拓性，有宏观和全面的架构，但内容稍为简略，间中有待补之处；钱书的重点和处理手法则不同，论述亦较详细，有补充亦有深化，两书并读可收互相配合之效①。

顾颉刚对梁、钱两书，有扼要的评论，他说："梁启超对于清代学术极为留心，其本人复为经今文学运动的一员，撰有《清代学术概论》《近三百年学术史》。前书可见清代学术演变的大概；后书本属未定稿，虽较前书为详，然颇凌乱。钱穆先生亦撰有《近三百年学术史》，书中首述两宋学术渊源，以经世明道之旨为依归；正论凡十七家，详人所略，略人所详，与梁氏书取径不同。"②

苏庆彬忆述他在新亚听钱穆讲课，有一次钱穆提起梁启超时说："读到梁任公先生说的一句话，'中国不会亡'，更激发我加强对中国历史的研究。"钱穆又愤慨地说："许多人都批评，看梁任公的文章上，每三行中就能找出一个错

---

① 周佳荣《从梁启超到钱穆：两代国学大师的治史规模》，载《香港中国近代史学报》第二期（香港：香港中国近代史学会，2004年），第138—140页。

② 顾颉刚著《当代中国史学》（香港：龙门书店，1964年影印本），第87页。

处！试想想，你们写文章是躲在图书馆写的，不要忘记梁任公却在茶室中，或坐在车厢、轮船上写的。"他说话时强调别人对梁启超的批评是不公平的。钱穆评论近代的学者当中，对梁启超是给予极高评价的①。

应予指出的是，钱穆早年出版的一本重要著作是《国学概论》（上海：商务印书馆，1931年），内容基于梁启超的新学术史观念，依时代划分段落，综述中国各个学术时期特有的精神。梁氏提倡"新史学"，撰《论中国学术思想变迁之大势》，对三千年来的中国思想作全面评价，其《清代学术概论》和《中国近三百年学术史》是研究清代学术必读的著作。钱穆的《国学概论》，采《清代学术概论》大意分期叙述，综论各期特有的学术精神与时代变迁的关系，重点不同于此前以"流别"为脉络的学术观点。钱穆尝谓先秦诸子乃"阶级之觉醒"，魏晋清谈为"个人之发现"，宋明理学为"大我之寻证"，其后则为"民族精神之发扬"及"物质科学之认识"。结语强调："学术不熄，则民族不亡。凡我华

---

① 苏庆彬著《七十杂忆——从香港沦陷到新亚书院的岁月》[香港：中华书局（香港）有限公司，2011年]，第313—314页。

胃，尚其勉旃。"①学术思想与国家民族的密切关系，钱穆自始即以为言。

历史考据和文化研究

《先秦诸子系年》这一巨著，钱穆已于1930年春完成，然因课务繁忙，所见典籍未丰，前后花了几年时间，仍然有待补充。及至任教于燕京大学，始得稍订其罅漏；在北京大学任教期间，生活环境和学术条件大为改善，此书终于由上海商务印书馆于1937年出版。《先秦诸子系年》是钱穆历史考据的代表作，在20世纪的新考据学领域中亦占一席位。钱穆长于考据，但抑汉学而崇宋学的观点，在他的《中国近三百年学术史》中随处可见。

钱穆阐发明末以来的经世救国思想，学术性与时代性兼备，是其治学思想的一大特色，在其后的《国史大纲》中尤有明晰的发挥。1937年七七事变爆发后，同年10月，钱穆赴长沙，入国立长沙临时大学；翌年赴昆明，入国立西南联

---

① 钱穆著《国学概论》（北京：商务印书馆，1997年新一版），第365页。

大任教，4月到蒙自的西南联大文学院讲学。1940年夏，在成都主持齐鲁大学国学研究所，同时在私立齐鲁大学兼课。当年他45岁，《国史大纲》上、下册亦于此时由商务印书馆出版。

抗日战争时期，钱穆曾两次路经香港。第一次在1937年，钱穆与同事结伴南行，由海道至香港，经广州至长沙。第二次在1939年，钱穆经香港、上海归苏州，探望慈母，夫人张一贯亦率子女自北平来会，遂择居耦园幽僻地。除间中至上海晤吕思勉外，杜门不出[①]。

处于战时国难深重、人民生活艰苦的环境下，钱穆的《国史大纲》盛赞中国历史文化博大悠久、疆域广阔、民族繁多，显然是要激发国人的民族自尊和爱国热忱。此书出版后，风行全国，成为各大学通用的历史教科书，鼓舞了大批青年学子。书中主张用"温情与敬意"对待中国历史文化，又强调中国历史文化的独特性，中国的政治和社会等各方面，都不比西方落后。此书详于文化而略于政事，亦是他由历史研究偏向文化研究的转捩点。

钱穆《国史大纲》"寓涵民族意识特为强烈"，此书出版

---

① 严耕望著《钱宾四先生与我》，第17—19页。

后钱穆复作多次演讲，激励军民士气，是故群情向往。"国家多难，书生报国，此为典范，更非一般史家所能并论。"①史学、史家与时代的关系，于此明白可见。

《国史大纲》论者已多，吕思勉盛赞书中"论南北经济"一节颇可注意，他说："书中叙魏晋'屯田'以下，迄唐之'租庸调'，其间演变，古今治史者，无一人详道其所以然。此书所论，诚千载只眼也。"②钱书付印期间请吕思勉作最后一校，故印象特深。

来港前出版的主要著作

钱穆23岁时出版第一本书，任教中学期间，勤奋著述，在1930年代初担任大学教职前，已出版了好几本书。总括来说，钱穆来港之前共出版了14种主要著作，在港期间，有10种在香港、台湾两地重印，较重要的如《国学概论》《先秦诸子系年》《中国近三百年学术史》《国史大纲》等，续于学界流通。（见表1-1）

---

① 严耕望著《钱宾四先生与我》，第21页。
② 钱穆著《八十忆双亲师友杂忆合刊》，第52—53页。

表 1-1 钱穆来港前出版的主要著作

书　　名	初版年份	在港期间重印情况
《论语文解》	1918	
《论语要略》	1925	台北：台湾商务印书馆，1964 年
《孟子要略》	1926	台北：中华文化出版事业委员会 1953 年出版的《四书释义》，是《论语要略》《孟子要略》和《大学中庸释义》的合编
《王守仁》	1930	改题《阳明学述要》，台北：正中书局，1955 年
《墨子》	1930	
《周公》（译著）	1931	台北：台湾商务印书馆，1965 年
《国学概论》	1931	台北：台湾商务印书馆，1956 年 香港：国学出版社，1966 年
《惠施公孙龙》	1931	
《先秦诸子系年》	1935	香港：香港大学出版社，1956 年
《中国近三百年学术史》	1937	台北：台湾商务印书馆，1957 年
《国史大纲》	1940	香港：自印本，1955 年
《文化与教育》	1942	

续表

书　名	初版年份	在港期间重印情况
《政学私言》	1945	台北：台湾商务印书馆，1967年
《中国文化史导论》	1948	台北：正中书局，1951年

香港教育和考试制度

香港的大学预科课程，中国历史科开列的参考书名单，包括罗香林的《中国通史》（台北：正中书局，1954年）、《中国民族史》（台北：中华文化出版事业委员会，1953年）和钱穆的《国史大纲》《中国历代政治得失》，这四种书一直广泛为香港的大学预科生所知悉，直至2009年推行中学学制改革为止。新亚书院历史系大学一年级的"中国通史"科，《国史大纲》为指定教材，而"中国通史"又是全校学生必修的科目，所以文、理、商三个学院的学生对《国史大纲》都有概略的认识。大学生需要具备历史知识，在香港是由新亚书院创先河的。

关于战后初期香港的学制，此处有必要交代一下。当时香港的中学教育，分为英文中学和中文中学，英文中学采取五年制，想考入香港大学的话，就要读两年的大学预科班，除中、英文两科外，要读三个选修科，科目课程和内容较深，中国历史科亦如是。香港大学采三年制，教学语言是英文，只有中文系（中文学院）用中文，中国文、史、哲等都包括在内。

至于中文中学，则采取初中三年、高中三年制，学生毕业后，无缘升上香港大学，除非自己另行报考英文中学会考，能够有足够条件进入大学预科班，才有资格申请入读香港大学。否则的话，中文中学的毕业生只可以到其他地方的大学继续学业。

1963年香港中文大学成立，办学宗旨原是为中文中学毕业生提供出路，采取四年制，与初中三年、高中三年制衔接。但因中文中学其后同样改为五年制，毕业生要读一年中六，才可报考香港中文大学。港大的入学考试，叫作"高级程度会考"；中大的入学考试，叫作"高等程度会考"。简单来说，就是二年制与一年制的分别。所以英文中学生可以同时报考中大，事实上入读中大的人数是不少的。

一年制预科授课时间实际只有几个月，所以中国历史科的内容，大略是将中学会考课程稍为加深和调整，学校采用中六课本或由教师自编的教材,没有指定罗香林、钱穆的著作为参考书,所以中文中学的学生,反而要进入香港中文大学后,才读钱穆的书。《国史大纲》原是大学用书,新亚书院的"中国通史"科将其指定为课本是合适的。"高级程度会考"列《国史大纲》为参考书,显然过于深奥,学生大多只是在考试时引述几句,表示读过钱穆的书而已。罗香林的《中国通史》不太适合用来考试,所以当时傅乐成编著的《中国通史》上、下册(台北:大中国图书公司,1960年)反而大行其道。入了大学之后,大家就少提此书了。

《中国历代政治得失》一书,因应试学生喜欢用来作为中国政治制度史的参考,极为畅销,苏庆彬告知钱穆此书已被书局翻印,钱穆回答说:"有人翻版,有人爱读此书,是一件好事,收不到版权费,也就算了。"钱穆对自己著作的版权受损,处之泰然,只要有利于学子,失去版税亦不以为意[1]。他对穷学生的关心,大抵亦于此可见。

---

[1] 苏庆彬著《七十杂忆——从香港沦陷到新亚书院的岁月》,第315页。

第二章
新亚书院：创办经过和教育理念

亚洲文商学院的创立

1945年8月中旬，日本战败投降，但抗战胜利后，中国的境况在一时之间未能得以改善。其后爆发解放战争，国人在动乱中颠沛流离，东奔西走，至1949年始大局底定。这年春天，钱穆与江南大学同事唐君毅应广州私立华侨大学教授之聘，由上海同赴广州。同年秋天，随学校赴香港。当时他已54岁，自此展开了人生的另一个阶段，在香港继续他的学术研究，并且成就了由他主导的教育事业。

20世纪初，香港在英国人管治下，只有一所香港大学。私人兴办的高等院校，一律不得称为"大学"。1949年10月，张其昀提出创办亚洲文商学院（夜校），邀约钱穆参加，又邀得谢幼伟、崔书琴等为学校办理在香港成立事宜，以钱穆为院长，崔书琴为教务长。

此处需要交代一下几位创校人物的略历。倡办人张其昀（1901—1985），字晓峰，浙江鄞县人，国立南京高等师范学校史地部毕业，是地理学家，亦擅长史学。1927年起任教于国立中央大学，1936年任国立浙江大学教授，兼史地系系主任、史地研究所所长，后兼文学院院长；1949年去台湾，1962年创办私立中国文化书院（中国文化大学前身），1970年创办华岗学园、中华学术院。他认为，"融贯新旧，沟通文质，乃为中国大学的新理想"。著有《中国民族志》《中国经济地理》《中国区域志》《中国军事史略》《中华五千年史》等①。

谢幼伟（1905—1976），字佐禹，广东梅县人。东吴大学毕业，美国哈佛大学硕士，1946年任浙江大学哲学系主任。1949年来港，参与创办亚洲文商学院，后赴印尼、中国台湾办报。1959年至1970年，担任新亚研究所教务长；1969年任新亚书院哲学系系主任，主要讲授西洋哲学史。著有《西洋哲学史》《中西哲学论文集》《哲学概论》《现

---

① "张其昀"条，载周川主编《中国近现代高等教育人物辞典》（福州：福建教育出版社，2012年），第324—325页。

代哲学名著述评》等①。他的另一个研究领域是伦理学，著有《伦理学大纲》《当代伦理学说》等。

崔书琴（1906—1957），祖籍河北故城，生于天津，南开大学毕业，留学美国哈佛大学，修读政治学，获硕士及博士学位。1938年任国立西南联合大学政治学系教授，1946年任国立北京大学政治学系教授；1949年参与创办亚洲文商学院，次年赴台湾。著有《国际法》《三民主义新论》《条约论》等②。

据钱穆忆述，1949年春，他在广州街头遇老友张其昀，张表示他拟去香港办一学校，邀钱穆参加。钱穆答谓"此次来广州，本无先定计划，决当追随，可即以今日一言为定"。谢幼伟、崔书琴进行创办学校事宜，谢幼伟忽得印尼某报馆聘为总主笔，所以亚洲文商学院开学，实由钱穆与崔书琴两人筹划③。

钱穆邀请张丕介兼教经济课，唐君毅任教哲学课。其初

---

① 卢达生《谢幼伟先生》，载黄浩潮主编《珍重·传承·开创：〈新亚生活〉论学文选》上卷［香港：商务印书馆（香港）有限公司，2019年］，第112页。

② "崔书琴"条，载周川主编《中国近现代高等教育人物辞典》，第573页。

③ 钱穆《新亚书院创办简史》，载钱穆著《新亚遗铎》（北京：生活·读书·新知三联书店，2004年），第648页。

租用九龙佐敦伟晴街华南中学三楼三个课室作为临时校舍，又在附近炮台街租用一房屋作为学生宿舍。钱穆、唐君毅两人轮番在宿舍与诸生同宿。每晚上课三小时，开设课程都是一些共同必修科，计有钱穆的"中国通史"、唐君毅的"哲学概论"、张丕介的"经济学"、崔书琴的"政治学"，还有刘尚义教国文、夏天翼教英文等。

唐君毅（1909—1978），四川宜宾人，南京中央大学哲学系毕业，初时留校任助教、讲师，其后历任四川大学、华西大学、中央大学、江南大学等校教授。著有《中西哲学思想之比较论文集》《道德自我之建立》《人生之体验》等。1949年与钱穆经广州来港，协助钱穆筹办新亚书院。

张丕介（1905—1970），字圣和，山东馆陶人，德国福莱堡大学经济学博士。曾参与创办西北农学院，任教授及经济系主任。著有《土地经济学导论》《经济地理学导论》《垦殖政策》等。张丕介是钱穆在广州认识的，当时在港主编《民主评论》，钱穆于是请他兼任经济方面的课务[1]。

亚洲文商学院开学后，张丕介在重庆大学的旧同事罗梦

---

[1] 钱穆《新亚书院创办简史》，载钱穆著《新亚遗铎》（北京：生活·读书·新知三联书店，2004年），第650页。

册，唐君毅的旧友程兆熊先后来港，亦被聘入校任教。不久程兆熊离港，在台湾代招学生，得学生约二十人来港读书，连同已入学的学生，总共有六十人左右。未几，梦册应邀主持一份杂志，辞去学院职务。钱穆说，他在抗战时赴重庆，曾与罗梦册有一席之谈话，至是亦成为亚洲文商学院的同事[1]。

罗梦册（1906—1991），河南南召人，河南大学毕业，国立北平师范大学教育硕士，留学英国伦敦大学，研究法律学及中外法制史。先后在国立政治大学、重庆中央大学任教，1945年任河南大学法学院院长。他在新亚书院任教"中国社会史"等科目[2]。

程兆熊（1907—2001），江西贵溪人，早年治农学，毕业于法国凡尔赛园艺学院，并获巴黎大学博士学位。抗战胜利后，程兆熊在鹅湖书院旧址创办江西信江农专，得唐君毅支持。他对中国哲学、佛学，亦钻研甚深，1950年初，在桂林街新亚书院任教中国哲学课程两年。其后出任台湾中兴大

---

[1] 钱穆《新亚书院创办简史》，载钱穆著《新亚遗铎》（北京：生活·读书·新知三联书店，2004年），第650页。
[2] 周佳荣《罗梦册教授》，载黄浩潮主编《珍重·传承·开创：〈新亚生活〉论学文选》上卷，第218页。

学农学院园艺系系主任，至1959年卸任。1963年复返新亚书院中文系任教，直至退休。除专著《中国庭园的建筑》外，并有《诗经讲义》《庄子讲义》《论语讲义》《孟子讲义》等多种著作①。

改组为新亚书院

钱穆在港认识的人之中，王岳峰是一位上海建筑企业家，很支持钱穆的办学理想，于是出资相助。先是在香港岛英皇道海角公寓租赁数室，安顿由台来港的学生，供居住之用，并作为讲堂。1950年春，租赁九龙深水埗桂林街63号及65号三楼和四楼作为校舍，共约两千平方英尺②，于是改夜校为日校，并向香港教育司立案，改为新亚书院。大律师赵冰任董事长及法律顾问，钱穆仍任院长，唐君毅任教务长，张丕介任总务长。改组后的新亚书院，于1950年3月1日开学。

1950年春，即亚洲文商学院开办的第一个学期，钱穆与

---

① 黄浩潮《程兆熊教授》，载黄浩潮主编《珍重·传承·开创：〈新亚生活〉论学文选》上卷，第198页。
② 1平方英尺≈0.093平方米。

唐君毅等日间赴香港岛上课，夜间则仍在九龙上课。当时钱、唐两人暂住九龙新界沙田侨大宿舍，轮番到炮台街宿舍与诸生同屋。

改名为新亚书院后，迁至九龙贫民区中新辟的桂林街，一排皆四层楼，书院占其三单位中的三、四两层，每单位每层约三百平方英尺。三楼三个单位中，一单位是学生宿舍；另外两个单位各间隔成前后两间，共为四间。前屋两间向南，各附有一阳台，分别由张丕介夫妇、唐君毅夫妇居住；张丕介后屋一间，钱穆居住；唐君毅后屋一间，是办公室兼张、唐两家的膳堂。四楼三单位，则间隔成两大两小教室共四间。罗梦册夫妇，由王岳峰另赁屋居住①。

此外，吴俊升亦到新亚任课约一年；又介绍同事任泰（东伯）到校任英语课，他曾任西方某团体英译汉书事。刘百闵、罗香林皆钱穆旧识，亦来任课，张维翰（莼沤）与钱穆在滇相识，愿义务教国文课，梁寒操为新相识，亦任教国文课。卫挺生在港再晤，到校任经济方面的课务；在重庆相识的陈伯庄，亦到校任社会学方面的课务。

---

① 钱穆《新亚书院创办简史》，载《新亚遗铎》，第651页。

程兆熊因书院无法为他安排住处，乃举家住沙田郊区，他为节省交通费，每日徒步往返十数里。在中国金融界颇负盛名的杨汝梅，是钱穆新识，亦邀他到校任教。新亚书院的教授阵容，一时无两，亦因此受香港教育司的重视，于新亚特多通融，有所要求皆获接纳，甚少为难。

赵冰为董事后，亦到书院任课。其人家境清寒，不仅为律师业界所少有，亦为知识分子中所稀见。他专为学校法律上的保护人，而不负担学校经济方面的责任。

赵冰（1892—1964），字蔚文，广东新会人。留学美国、英国，伦敦大学哲学博士、牛津大学民律博士，曾任国立广西大学、湖南大学、政治大学及私立华侨大学教授。

创办《新亚校刊》

1952年6月1日出版的《新亚校刊》创刊号上，有唐君毅《我所了解之新亚精神》一文指出："新亚二字即新亚洲。亚洲之范围比世界小而比中国大。亚洲之概念可说是世界之概念与中国之概念间之一中间的概念。而新亚书院讲学的精神，亦正是一方要照顾中国的国情，一方要照顾世界学术文化的潮流。新亚书院的同人,正是要在中国的国情与世界学术文化的潮流中间,尝试建立一教育文化的理想而加以实践。"他又强调:"我们相信只有当最古老的亚洲国家中国获得新生,中国得救,亚洲得救,而后世界人类才真正能得救。中国文化之一贯精神,是生心动念,皆从全体人类着眼。……世界上此时亦唯有包括中国在内之古老的亚洲,最迫切的需要新生。这当是新亚定名之本义。而为新亚师生愿与一切中国人,一切亚洲人,共抱之一遥远的志愿之所在。"①

张丕介亦在《新亚校刊》创刊号上,发表了一篇题为《武训精神》的文章。文中首先记述亚洲文商学院开幕时的情景,钱穆向五六位新聘教授和三十几个新生宣布学院成立,力言"文化教育是社会事业,是国家民族历史文化的生命。大学教育是有其历史传统的,不能随便抄袭别人家的制度。中国的传统教育制度最好的莫过于书院制度。私人讲学,培养通才,是我们传统教育中最值得保存的先例。中国人应真正了解中国文化,养成自家适用

---

① 唐君毅《我所了解之新亚精神》,原载《新亚校刊》创刊号(1952年6月1日);收入张学明、何碧琪主编《诚明奋进——新亚精神通识资料选辑》[香港:商务印书馆(香港)有限公司,2019年],第16页。

的建设人才"①。

张丕介又以"武训精神"为言。他幼年曾在武训义学就读，眼见亚洲文商学院艰难创立的经过，使他更明白此一文化事业的特殊精神，而文化使命却是异常重大的。为了共同的理想，参加了这个不名一文和毫无凭借的文化事业，不但要义务教课，还要肩负以后发展的重任。"为文化理想而学问，为社会进步而服务，这一伟大高尚的精神，铸成了每一新亚学生人格的一部分。"②回顾创校之后面临的困顿，印证新亚奋斗的情形，使他相信，新亚的前途完全寄托于此一精神的实践。

在《新亚校刊》第二期（1953年3月1日）中，钱穆的《理想不能没有忧与困——告新亚同学们》，提到"我们新亚教育的理想，一向标榜说，是一种'人文主义'的教育之理想。人文主义也正面对人生的种种忧与困而来"。他在第四期（1954年2月25日）发表《新亚精神》一文，认为"我们觉得像有这一番精神是对的；而我们苦于说不出这一番精

---

① 张丕介《武训精神》，原载《新亚校刊》创刊号（1952年6月1日）；收入张学明、何碧琪主编《诚明奋进——新亚精神通识资料选辑》，第20—21页。
② 同上书，第23页。

神究竟是什么,这也是对的。我们只能在我们内心,觉得有这么一回事,便够了"①。他进而指出:"新亚的经济,是如此般困乏;设备,是如此般简陋;规模,是如此般狭小;……但我们并不会为这些短了气。我们却想凭借这一切可怜的物质条件来表现出我们对教育文化的一整套理想。这便见是我们新亚的精神了。"②新亚精神不仅仅是一种吃苦奋斗的精神,更是要把这种精神用于有价值的地方,同学们要反问自己来到这所艰苦学校的动机和理想,在此一精神下不断努力求上进。

《新亚学规》的内容

书院教育的特色之一,是订定学规作为师生守则。《新亚学规》共有24条,以备诸生随时诵览和就事研究。首三条是最重要的:

---

① 钱穆《新亚精神》,原载《新亚校刊》第四期(1954年2月25日),收入张学明、何碧琪主编《诚明奋进——新亚精神通识资料选辑》,第31—34页。
② 钱穆《理想不能没有忧与困——告新亚同学们》,原载《新亚校刊》第二期(1953年3月1日);收入张学明、何碧琪主编《诚明奋进——新亚精神通识资料选辑》,第28—30页。

一、求学与做人，贵能齐头并进，更贵能融通合一。

二、做人的最高基础在求学，求学之最高旨趣在做人。

三、爱家庭、爱师友、爱国家、爱民族、爱人类，为求学做人之中心基点。对人类文化有了解，对社会事业有贡献，为求学做人之向往目标。①

接着的几条学规，是关于职业、学业、志趣和理想的守则。第13条强调师长在书院教育的重要性："课程学分是死的、分裂的，师长人格是活的，完整的。你应该转移自己目光，不要尽注意一门门的课程，应该先注意一个个的师长。"第14条指出新亚书院的教育精神："中国宋代的书院教育是人物中心的，现代的大学教育是课程中心的。我们的书院精神是以各门课程来完成人物中心的，是以人物中心来传授各门课程的。"学规的制定，在香港高等院校中是独具特色的。第24条是总结，全文如下："学校的规则是你们意志的表现，学校的风气是你们性情之流露，学校的全部生活与一切精神是你们学业与事业之开始。敬爱你的学校，敬爱

---

① 钱穆《新亚学规》，载《新亚遗铎》，第3页。

你的师长，敬爱你的学业，敬爱你的人格。凭你的学业与人格来贡献于你敬爱的国家与民族，来贡献于你敬爱的人类与文化。"①

历来谈新亚精神的人很多，谈《新亚校歌》的人也不少，相对来说，《新亚学规》则每每为人所忽略。其实三者是一体互通的，共同塑造了一批"新亚人"的气质。今日看来，《新亚学规》仍不失为大学生应具备的信念和守则。

① 钱穆《新亚学规》，载《新亚遗铎》，第5—6页。

第三章
桂林街时代：坚毅的新亚精神

动人心弦的校歌

1950年春至1956年夏，是新亚书院的桂林街时代；在创校两三年间，"新亚精神"已逐渐形成。在物质条件匮乏的情况下，精神较为激昂。《新亚学规》是新亚精神的说明，钱穆作词的《新亚校歌》是这一精神的赞许。校歌第一段是：

> 山岩岩,海深深,地博厚,天高明。人之尊,心之灵,广大出胸襟,悠久见生成。珍重珍重,这是我新亚精神！珍重珍重,这是我新亚精神！

校歌没有明言香港，不过香港的山到处都是花岗岩（20

世纪50年代钱穆来港曾住钻石山），维多利亚港是世界上最深的海港之一，新亚创立的环境已具体描述了。人于天地之中，要有尊严与心灵，始能养成广阔胸襟、悠久始见生成，这就是新亚精神，不可掉以轻心，必须珍而重之。校歌第二段：

> 十万里上下四方，俯仰锦绣；五千载今来古往，一片光明。五万万神明子孙，东海西海南海北海有圣人。珍重珍重，这是我新亚精神！珍重珍重，这是我新亚精神！

歌词称颂中国锦绣河山和悠久历史，鼓舞一批热爱中国文化的青年努力向上，是办学的理念和宗旨，期望师生珍而重之。钱穆走遍大江南北，爱国之情溢于言表。校歌第三段最能反映钱穆和他那代人的经历与心声：

> 手空空，无一物，路遥遥，无止境。乱离中，流浪里，饿我体肤劳我精。艰险我奋进，困乏我多情，千斤担子两肩挑，趁青春，结队向前行。珍重珍重，这是我新亚精

神！珍重珍重，这是我新亚精神！①

面对重重困难，而仍充满理想，师生互相扶持，结队前行。这在桂林街时期，最能动人心弦。据孙国栋忆述，曾经有一位同学问："校歌第二节'十万里上下四方，俯仰锦绣；五千载今来古往，一片光明'。中国历史上暴恶的政治与残贼的人不少，这两句话是否有点溢美？"钱穆笑笑说：

> 这不是你一个人心中的问题，是大多数时代青年心中的疑问，你今日提出来问，很好。这是个人与群体之不同。从个人看，每人都可能有些自私邪恶的念头，但是从群体看，群体人人心中，总是希望社会进步，人人安宁快乐的，这点非常重要。这是历史文化的光明处，它具有强大的力量，所以社会尽管有种种罪恶，而社会仍然在进步。能认取这点光明，人才是乐观的，对文化有信心的。从这点去认识，才可以了解校歌这两句。新亚的师生，不

---

① 钱穆《校歌手稿》撰于1953年7月，第二段"五万万神明子孙"一句，后来改为"十万万神明子孙"。每段后面，"珍重珍重！这是我新亚精神！"歌唱时，重复唱一遍。

仅要有此信心，还要强化这信心，使社会进化更有力量。①

歇了一会儿，钱穆又说："近代的知识分子常错误地把社会上的陋俗观念视为中国文化的传统，殊不知中国文化的大传统在先秦时已凝结成一种理性的文化，确认仁爱正义的道德价值，现代一般知识分子忘记了此中国文化的大传统，而以社会的陋俗为中国文化的传统，可说是一种罪恶性的错误。他们又喜欢作文化的反思，文化的反思是对的，但反思必应两方面：一方面检讨文化的弱点而加以改造；另一方面必须检讨文化的强处而加以发扬。一个长久生存的民族，他的民族文化必然带有该民族赖以生存的力量，因为一个长久生存的民族，他必然经历了不少艰难同时又克服了不少艰难，他的民族文化必然吸收了不少能克服艰难的精神，这是非常珍贵的。"②

至于同学们口头喜欢说到的"新亚精神"究竟是什么，钱穆指出，新亚精神"非仅仅指的是吃苦奋斗那一事"；新

---

① 孙国栋《师门杂忆》，载《诚明古道照颜色——新亚书院55周年纪念文集》（香港：香港中文大学新亚书院，2006年），第76页。
② 同上注。

亚的同学们,"该更深一层地来了解我们之所以要创办这一所苦学校的宗旨与目的!"他希望同学们在此一精神下,不断努力地上进[1]。

创校初期的学系

新亚书院初时设立文史、哲教、经济、商学、新闻社会、农学六系。农学系在第一年开设后,由于没有附属农场,中途停办;新闻社会系因校舍不敷使用,亦停办。钱穆兼文史系系主任,唐君毅兼哲教系系主任,张丕介兼经济学系系主任,杨汝梅任商学系系主任。实际上是四个系。

杨汝梅(1899—1985),河北磁县人,北京交通大学毕业,美国密歇根大学博士,历任上海、暨南、光华、齐鲁、沪江等大学教授[2]。1949年来港,次年起任教于新亚书院,后为商学院院长,并任会计长等职;香港中文大学成立后,担任商学院院长。其后转到香港浸会学院,任商学院院长。

---

[1] 钱穆《新亚精神》,原载《新亚校刊》第四期(1954年2月25日),收入张学明、何碧琪主编《诚明奋进——新亚精神通识资料选辑》,第34页。

[2] 钱穆《新亚书院沿革旨趣与概况》,载《新亚遗铎》,第18页。

他是中国最早的四位著名会计专家之一，对中国会计事业有重大贡献。从新亚到香港中文大学以至香港浸会学院，他为香港的商科教育作出了多年的努力。

钱穆兼文史系系主任至 1955 年，因院长职务繁忙不能兼顾，改由牟润孙出掌。文史系在当时四个学系之中规模最大，下分中文、外文、中史、外史四组，系内学生可按自己的才性和兴趣，选择修习的组别①。其后新亚书院的文学院，就是在中文、英文、历史、哲学加上艺术五个课程的基础上发展起来的。

历史组开办的科目，各组共通的包括"各体文选""英文""哲学概论""政治学""经济学""社会学""理则学""伦理学""人生哲学""国学概论"等；历史本科，计有"中国通史""西洋通史""中国学术思想史""中国文化史""西洋哲学文化思想史""西洋近代政治史""秦汉史""中国政治史"等。

钱穆在系中开设的科目，有"中国文化史""中国社会经济史""中国通史"等。师从钱穆多年的叶龙，习惯把钱穆在课堂讲学的内容辑录成笔记，编成几本专书，包括《钱

---

① 钱穆《新亚书院沿革旨趣与概况》，载《新亚遗铎》，第 15 页。

穆讲学粹语录》(2013年)、《钱穆讲中国经济史》(2013年)、《钱穆讲中国文学史》(2015年)、《钱穆讲中国社会经济史》(2016年)、《钱穆讲中国通史》(2017年),均由香港商务印书馆出版。印成简体字版的,有《中国社会经济史讲稿》(北京:北京联合出版公司,2016年)。叶龙是新亚研究所1959年第三届硕士班毕业的,论文题目是《孟荀教育思想及其比较研究》,后任能仁书院校长及文史哲研究所所长。

文史系的兼任学者

在桂林街时期,有几位学者曾在新亚书院文史系兼任。最早一位是罗香林(1906—1978),广东兴宁人,清华大学毕业,任教中山大学,1949年43岁时移居香港,曾在多家大专院校任教。1950年在新亚书院教"中国经济史",次年起受聘于香港大学中文系,历任教授、系主任、讲座教授及东方文化研究院院长,退休后担任珠海书院中国文史研究所所长[1]。罗氏著作甚丰,于客家研究、孙中山研究、中外交

---

[1] 赵令扬《罗香林教授》,载《联大历史学刊》创刊号(1988年),第3—12页。

通史等方面均负盛名,《一八四二年以前之香港及其对外交通》(香港:中国学社,1959年)、《香港与中西文化之交流》(香港:中国学社,1963年)等专书奠下了香港史研究的基础。

1954年至1958年间,何格恩在新亚书院文史系兼任,讲授科目,计有"隋唐五代史""宋辽金元史""明清史"及"中国交通史"。何格恩毕业于广州岭南大学,曾在母校任教,来港后与余景山合编一套《中国语文》,是中学用的教科书。

余协中(1898—1983),曾执教于南开大学和河南大学。由1954年起,至1956年,在系中兼教西洋史,包括"西洋现代史""西洋通史"和"英国史"。

左舜生(1893—1969)也曾在新亚书院文史系、历史系兼课,由1955年至1962年,任教"中国现代史"和"中国近代史"。著有《中国近代史四讲》《黄兴评传》等。

在困难中坚持办学

新亚书院开学两个月后,王岳峰的企业受到致命打击,无法继续支持新亚,书院顿时陷入困难。当时学费所得只占总开支的五分之一，无法应付书院经费，教师暂缓领取薪酬。钱穆到台湾募捐，1952年在淡江英语专科学校演讲时，屋顶塌下大块水泥，击中他的头部，须在台湾留医休养数月。张丕介、唐君毅等人则勤于撰稿，以稿费资助书院；张丕介还把他夫人的首饰典当，用来支持新亚。

当时新亚书院的学生多是内地来港青年，除注册生外，还有试读生和旁听生。书院为照顾学生，或减免学费，或找医生治疗病者；又创行工读制，学生在校中负责杂务，可获少许津贴，及在学校食宿。有些学生在学校天台上露宿，晚间或蜷卧在三楼、四楼的楼梯上。

参加书院的学者，除上述各人外，还有教育家吴俊升、诗人曾克耑、甲骨文专家董作宾、文学家夏济安、国学家饶宗颐、刘百闵、梁寒操等。他们或短期讲学，领取月薪的，由港币80元至200元不等，甚至比小学教师更低。不过，新亚书院的教授阵容和办学理想，引起当时香港政府的注意，教育司司长高诗雅（D. J. S. Crozier）有一日亲自到校巡视，见三楼、四楼的梯间有一块牌匾，上面写着"新亚书院大学部"，即嘱移去不要悬挂，因为"香港只有一间大学"[1]。

---

[1] 钱穆《新亚书院创办简史》，载《新亚遗铎》，第651—654页。

当时在香港大学负责中文课务的贺光中，曾多次访钱穆，请他到港大兼课，钱穆拒绝，介绍罗香林到港大，罗香林遂受聘为兼任讲师。1951年夏，英国学者林仰山（F. S. Drake, 1892—1974）担任香港大学中文系系主任，亦邀钱穆前往任教，钱穆答以新亚书院仍在困难之中，不能离开。新亚同仁罗香林、刘百闵皆被港大改聘为专任，钱穆则获港大颁授荣誉博士学位。

刘百闵（1898—1968），浙江黄岩人，毕业于日本法政大学，研究中国政治学和日本政治制度；亦是著名的经学家，抗战时期曾在四川乐山创办复兴书院，任总干事。1953年起，在香港大学中文系任教至1967年。著有《孔门五论》《周易事例通论》等①。

新亚同学于1951年秋创办新亚夜校，由列航飞注册为校监，由有兴趣的新亚同学义务教学，每个学期互相推选校长。收生约七八十人，每人每月学费2元、3元不等。1953年列航飞毕业后，于1962年创办华夏书院，是私立专上院校，任校长。在艰难的办学条件下，坚持了几

---

① 徐友春主编《民国人物大辞典》增订版（下）（石家庄：河北人民出版社，2007年），第2454页。

十年。

1952年初,香港政府颁布商业登记条例,勒令港九所有私立学校必须到工商署办理"有限公司"商业登记。钱穆认为如要作商业登记,书院宁可不办,董事长赵冰向香港政府争取豁免,经过近一年的努力,终于1953年7月7日成功,香港政府准许新亚书院可免于在工商署作商业登记。可以说,新亚书院是香港第一所获承认为不牟利的私立学校[①]。

努力争取办学成绩

由1950年秋至1956年冬,通常在星期日(有时也在星期六)晚上7至9时,桂林街校舍先后举行了146次公开的文化讲座,由唐君毅主其事,讲者包括钱穆、唐君毅、张丕介、印顺法师、董作宾、夏济安、左舜生、饶宗颐、林仰山、谢扶雅等,还有一些西方学者。每次听讲者,40人至80人不等。新亚同学举办的同学演讲会,1950年至1953

---

① 《新亚简史》,载张学明、何碧琪主编《诚明奋进——新亚精神通识资料选辑》,第353页。

年共有76次。

钱穆忆述,举行讲座时,校外来听讲座的人亦多,每每满座,有60至80人左右,校内学生则挤立墙角旁听。有一个老人家,每讲必至,散会之后,仍留三楼办公室闲谈。此人是沈燕谋(1891—1971),他祖籍江苏南通,在美国学化学,回国后协助状元实业家张謇(季直)在上海办工厂。以其余暇阅览古籍,为著名藏书家。交谈既熟,遂成至友。钱穆说:"盖余等之在此办学,既不为名,亦不为利,羁旅余生,亦求以文会友,以友辅仁之意。此讲会能对社会得何成效,亦所不计。"①沈燕谋在1951年6月28日的日记中,详记其事如下:

> 晚间至深水埗桂林街新亚书院,听钱宾四(穆)教授演讲阳明哲学,历两小时,语不繁碎而说至精到。往时读其《先秦诸子系年》及《近三百年学术史》,殊服其造诣之深,今晚讲罢,晋谒于治事之所,晤谈片刻,知其为学人也。临别且举近著《中国社会演变》及《中国智识分子》两小册为赠。新秋学校复业,会当以旁听生名义,排日前往

---

① 钱穆《新亚书院创办简史》,载《新亚遗铎》,第654页。

畅聆其议论焉。①

沈燕谋年长于钱穆，而仍恭执弟子之礼，两人亦师亦友，在教育推广及文化传承的工作上互相扶持。新亚书院迁址农圃道，由选址、申请、设计以至启办，沈燕谋出力甚多。又以校董兼新亚图书馆馆长的身份，为馆方搜购大量书籍②。

《新亚校歌》由钱穆作词，黄友棣谱曲，1953年7月11日，在第二届毕业典礼上正式使用。《新亚校刊》第一期于1952年6月1日出版，由当时仍是学生的唐端正编印，至1957年共出了九期。唐端正是新亚研究所硕士班第一届毕业生，其后在新亚书院哲学系任教至退休。《新亚学报》（年刊）于1955年6月30日创刊，持续出版至今，刊登师生著作甚多，是国际闻名的学术期刊。

---

① 朱少璋主编《沈燕谋日记节钞及其他》，第60页。1951年9月11日，沈燕谋往访钱穆，请他于新秋开学之时，授"庄子""史记"及"中国文化史"三课，每周各两小时，沈燕谋到校为旁听生，纳听讲费72元。当时钱穆新注《庄子》已成书，"书局以此类书籍，不便于近时行销，拒不承印"，沈燕谋即许出私资付刊，以观其成。（第64页）

② 朱少璋《前言：为沈燕谋先生编书始末》，载朱少璋编《沈燕谋日记节钞及其他》，第2页。

1953年初夏，美国耶鲁大学历史系主任卢鼎（Harry Rudin）教授来港，受耶鲁大学雅礼协会之托，在中国港台地区及菲律宾等地选择资助对象。卢鼎与钱穆见面后，雅礼协会决定资助新亚书院每年25 000美元。其后得美国福特基金捐款，为新亚书院兴建校舍。1956年1月17日，新亚书院农圃道第一期新校舍举行奠基典礼，典礼由时任港督葛量洪（Sir Alexander William George Herde Grantham，1899—1978）主持，第一期新校舍于1956年暑期后落成启用①。

桂林街公众休憩公园

2006年，市区重建局决定拆卸桂林街遗址，重新发展。在新亚书院校董、师生及校友共同要求下，市区重建局允诺在原址附近兴建"桂林街公众休憩公园"，内分"启思径""勤修园""学习之路"和"沉思园"四个部分，内含多件与新亚书院有关的展品。

公众休憩空间的外围，有饶宗颐题字的"新亚旧址"牌匾；休憩空间内，有一道以校训"诚明"两字为主体的水

---

① 钱穆《新亚书院创办简史》，载《新亚遗铎》，第660—665页。

墙；水墙前面的纪念碑，刻上新亚校徽。另外有一道牌匾伫立其中，上面刻有钱穆的校歌手稿。

4月17日举行竣工仪式，并以"传承新亚文化"为主题，由市区重建局主席苏庆和、深水埗区议会主席郭振华、新亚书院校董会主席梁英伟主持揭幕礼，梁英伟致辞并答谢市区重建局的鼎力支持，使书院同仁、校友及市民大众，都能在这休憩空间缅怀和见证当年创校先贤们艰辛奋斗的历程①。

苏庆彬说，桂林街校舍结束那天，他是最后一个留宿的学生，他在楼梯转角处，把钱穆书写的"新亚书院大学部"的一块木板除下，叮嘱校工说这是新亚校史上最有价值的历史文物，请他好好存放在新校舍。

苏庆彬为《新亚校刊》印刷费向各董事、老师募捐时，第一次见王岳峰，但他捐得很少，后来才知道当时正值他生意失败，在琉球投资建筑机场失误以致破产，连长年跟着他的一位家庭厨师臧师傅，也要委托钱穆代为照顾。其后钱穆安排臧师傅在农圃道主理学生膳食部的工作，可见王岳峰是

---

① 《桂林街公众休憩公园》，载《新亚书院简讯》第七期（2015年9月），第1—20页。

颇重情义的。苏庆彬强调:"没有桂林街的校舍,也许没有今日的新亚;没有王岳峰先生的资助,也许没有桂林街的校舍,桂林街校舍和王岳峰先生的名字应连在一起。"①资助教育事业之心可铭,为时虽暂,情非得已,这就是中国人所说的饮水思源。

---

① 苏庆彬著《七十杂忆——从香港沦陷到新亚书院的岁月》,第204—205页。

第四章
人文教育：创校初期树立的宗旨

办学宗旨和收生要求

新亚书院创立之始，其旨趣上承宋明时代的书院，即私人讲授高级学术的学校，不同于西方教育制度下的专科学校。在该校招生简章的序言中，有以下的概括说明：

> 上溯宋明书院讲学精神，旁采西欧大学导师制度，以人文主义之教育宗旨沟通世界东西文化，为人类和平、社会幸福谋前途。本此旨趣，一切教育方针，务使学者切实了知为学、做人同属一事。

序言又指出："在私的方面，应知一切学问知识，全以如何对国家社会、人类前途有切实之贡献为目标。"进而强调:"惟有人文主义的教育,可以药近来教育风气专门为谋个人职业而求智识,以及博士式、学究式的为智识而求智识之狭义的目标之流弊。"①

新亚书院当时开办的课程,"主在先重通识,再求专长",务使学者真切认识自己专门所长在整个学术、整个人生中的地位和意义,"以药近来大学教育严格分院分系分科,直线上进,各不相关,支离破碎之流弊"。教学方面,则侧重训练学生的自学精神和方法,书院除了开设课程外,采用导师制,为学生作亲切之指导,不致师生隔膜。"本院窃愿以发扬中国传统的人文主义精神与和平思想为己任,并领导青年学生循此正规以达救己救世之目标。"尤为值得注意的是,新亚书院既立足于香港,就应发挥本地社会所具备的条件,把书院教育办得更有效、更成功:

> 香港在地理上与文化上皆为东西两大文化世界之重要接触点,亦为从事于沟通中外文化,促进中西了解之理想的教育地点。……本院窃愿本此宗旨,以教育此无数纯

---

① 钱穆《新亚书院沿革旨趣与概况》,载《新亚遗铎》,第6页。

洁青年,使其既知祖国之可爱,亦知世界大同之可贵。①

开办四年,新亚书院于1953年7月迎来第一届毕业典礼。钱穆致辞说,第一届新生共有八十多人,而接受证书的毕业生只有十分之一;教授方面,四年来始终其事的,只有他和唐君毅、张丕介三人,然而,在书院内授过课的教师,都把他们的人格和热忱,以及各人自身的学诣,留给受教者以不磨之影像与不断之回忆②。

重建和发展人文精神

1953年3月,钱穆在对新亚学生的一次讲话中,勉励学生以发扬理想来解除困难,并引述宋代范仲淹的名句:"士当先天下之忧而忧,后天下之乐而乐。"进而以学校的理想和个人的理想为言,他说:

> 我们新亚教育的理想,一向标榜说,是一种"人文主

---

① 钱穆《新亚书院沿革旨趣与概况》,载《新亚遗铎》,第5—8页。
② 钱穆《敬告我们这一届的毕业同学们》,载《新亚遗铎》,第24—28页。

义"的教育之理想。人文主义也正面对人生的种种忧与困而来。你们此刻怀挟了自己种种的忧与困,来到这学校,这学校却是十足地在忧与困中创造成立和挣扎前进的学校。我希望你们由于自己的忧与困,进而了解学校之忧与困,由是再进而了解社会大众、国家民族乃至世界人类之种种忧与困,这里便是你们所该求的真学问,这里便是你们所该有的真智识。你们有了这样的学问与智识,你们自会有理想,你们自会有理想的人生。有了更多理想的人生,才会有理想的社会。①

唐君毅撰写了大量有关人文精神的文章,1955年,他将25篇论文辑成《人文精神之重建》一书,论述百年来中国所感受的中西文化矛盾和冲突,全书共有五个主题:① 导论;② 中西文化之省察;③ 中国固有人文精神之阐述;④和⑤探讨中西社会人文精神之融通,强调中国人文精神之返本足以开新,于西方世界亦将有所贡献。

1958年,唐君毅又将16篇论文辑成《中国人文精神之发展》,作为《人文精神之重建》的续编。唐君毅认为中国

---

① 钱穆《告新亚同学们》,载《新亚遗铎》,第21—23页。

文化重人文精神，西方文化重科学精神，两者同是人类心灵的两大路向；仁心是人的价值意识的根源，科学必须以仁心为主宰，这正是中国文化重视"仁"的可贵之处①。

论者指出，新亚取法宋明理学家筹办书院的教育模式，了解钱穆筹办新亚的宏愿，也要注意他怎样继承宋明儒办学的要旨②。要探讨"新亚精神"，必先由人文教育和人文精神说起。

农圃道时代历史系毕业生陈万雄说："新亚书院的创办，自有当时政治社会变动的外缘因素，已成历史。但新亚书院之立足香港，独树一帜，传播中华文化，融合中外思想，弘扬人文精神，承先启后，流风不绝，其影响之深远，在中国文化史上的地位，确大有可述可传的。"③这一番话，同时亦表述了新亚在战后香港高等教育史上开拓出来的新路向。

---

① 张祥浩《唐君毅》，载方克立、郑家栋主编《现代新儒家人物与著作》（天津：南开大学出版社，1995年），第234—241页。
② 区志坚《非仅指的是吃苦奋斗——从〈新亚校刊〉看五十年代"新亚精神"的实践》，载鲍绍霖、黄兆强、区志坚主编《北学南移——港台文史哲溯源·文化卷》（台北：秀威资讯科技股份有限公司，2015年），第242页。
③ 陈万雄《跋——如是我感》，载苏庆彬著《七十杂忆——从香港沦陷到新亚书院的岁月》，第344页。

创校五年的感言

1954年中,新亚书院的经济情况有所改善,钱穆强调,大家应该对最近之将来有一些新的展望与打算。他说:"精神如生命,经济如营养,……营养可以外求,生命则是内在的。……我们在此五年中,经济极端困竭,依然有一个新亚书院之存在,依然有一种新亚精神之呼号。经历了五年的苦斗,获得外面人同情,经济才有一出路。可见一切事,要向理想迈进,不是可以一呵便成的。我们该以较长的时间,来完成我们较真的理想。"钱穆解释道:

> 所谓较真的理想,是有实质、有内容、有意义、有价值的。这是一种本身内在的。这一种较真的理想,必然须在较长的奋斗中完成而实现。换言之,这需有一段更长的进程的。所以今天学校经济有一些办法了,只是学校开始走上了长期奋斗的路程,并不是说这一段奋斗路程,因于经济有办法而完成了、终止了。

他又指出:

我常提醒大家,我们学校,不仅将教导来学者以许多的知识,更要在给予来学者以一番人生之真理。学校譬如一大生命,我们师生是个别的小生命,我们要在完成大生命中,来完成我们各自的小生命。我们要贡献我们各自的小生命,来完成此一大生命。①

在一次讲话中,钱穆说大家该保持优良的"校风",同时也该提倡优良的"学风"。"校风是指一种学校空气言,学风则指一种学术空气言。"大学教育的使命,"首先应该培养一种优良的学风,而求在学业上有创辟,有贡献,否则大学教育便失却了灵魂"。优良校风的真实内容,全寄托在优良的学风上。《新亚学规》24条,扼要地列举了"新亚所想像所求达到的校风与学风之大体规模与大体途径"。前面还有百里千里之远,是要大家一步一步地继续向前迈进的②。

---

① 钱穆《新亚五年》,载《新亚遗铎》,第38—42页。
② 钱穆《校风与学风》,载《新亚遗铎》,第56—62页。

第五章
新亚研究所：推动中国学术文化

从筹办到成立的经过

新亚书院成立后三四年间，即有筹办研究所的构思，以求加深校内研究高深学术的风气，并借此培植青年，对人文学科与中国文化进行研究。在计划纲要中，就指出"目前中国问题，已紧密成为世界问题之一环。但若昧失了中国历史文化之固有特性而仅就世界形势来求中国问题之解答，则不仅会阻碍中国之前进，而且将更添世界之纠纷"。相对于外界物质的支援和世界共同的呼号，中国固有历史文化的基本意识和基本观念之复苏，"不仅对此后新中国之建立为必要，而且对世界大同与人类和平有必然可有之贡献"[1]。

---

[1] 钱穆《研究所计划纲要》，载《新亚遗铎》，第72页。

1953年秋，钱穆创办新亚研究所，宗旨是"提供新学术，培养新人才"。研究所成立之初，在九龙太子道租用一层楼宇作为所址。次年起，钱穆兼任研究所所长，至1964年，前后达十年之久。参加研究所的教授，有余协中、张丕介、唐君毅三位，都是对历史、经济、哲学等颇有素养的学者，就其专业各自工作；并在青年中，选择一些有学术兴趣和研究能力的人，加以指导。1954年，就有四名新亚书院毕业生入所[①]。据记录，研究所未成立之先，已有四位同学从事研究，他们是唐端正、章群、何佑森、列航飞。

早期的导师和研究生

新亚研究所正式启动是在1954年9月，院长以下是教务长，由张葆恒担任（至1959年），他的中、英文造诣都很湛深，协助钱穆办理所务。导师除钱、张之外，还有唐君毅、牟润孙两位，后来亦有潘重规加入。

潘重规（1908—2003），江西婺源人。1954年就读于南京中央大学，师从黄侃（季刚）。毕业后任教于中央、东

[①] 钱穆《校闻一束》，载《新亚遗铎》，第48页。

北、四川、上海暨南、安徽等大学,1949年后任台湾师范大学及新加坡南洋大学教席。任新亚研究所导师及新亚书院中文系主任至退休,后在中国台湾及法国巴黎讲学。治经及小学,亦以研究《红楼梦》知名①。著有《亭林诗考索》,由新亚研究所出版。

经公开招生和考试后,新亚研究所录取了五名研究生,他们大多于1957年第一届硕士班毕业,另有三名同时毕业,总计七名:① 柯荣欣(中央大学毕业),硕士论文是《西周政治思想》;② 罗球庆(新亚书院毕业),硕士论文是《北宋兵制研究》;③ 孙国栋(政治大学毕业),硕士论文是《唐代三省制之发展研究》;④ 余秉权(中山大学毕业),硕士论文是《北宋役法制度之争议》;⑤ 何佑森,硕士论文是《元代学术之地理分布》;⑥ 章群,硕士论文是《论唐开元前的政治集团》;⑦ 唐端正,硕士论文是《论孟庄老荀四家思想之无为与有为》。

1958年硕士班第二届毕业的,还有以下八位:① 石磊(中央大学毕业),硕士论文是《五代的兵制》;② 胡咏超,

---

① 邝健行《潘重规教授》,载黄浩潮主编《珍重·传承·开创:〈新亚生活〉论学文选》上卷,第82页。

硕士论文是《唐代户婚律溯源》；③ 杨远，硕士论文是《战国时代之战争地理研究》；④ 黄声孚，硕士论文是《唐代佛教与政治》；⑤ 陈特，硕士论文是《吕氏春秋之儒家思想》；⑥ 陈启云，硕士论文是《两晋三省制度之渊源、特色及其演变》；⑦ 谢廉昌，硕士论文是《宋代火葬风俗之研究》；⑧ 苏庆彬，硕士论文是《两汉迄隋入居中国之蕃人研究》。

从第一、二届毕业生的论文题目看来，大多数属于史学研究；十五人当中，很多后来任教本港和海外大学，成为著名学者，著作等身。钱穆兼任研究所所长期间，平均每年有六七名硕士班毕业生（见表5-1）[①]。1960年开始，招收外籍研究生，在20世纪60年代有十余人，分别来自日本、比利时、英国、美国、奥地利、加拿大、韩国等国家。

表5-1 新亚研究所硕士班毕业生(1957—1964)

届次 （年份）	毕业 人数/人	毕 业 生 姓 名
第一届 (1957)	7	余秉权、何佑森、孙国栋、章群、罗球庆、柯荣欣、唐端正
第一届 (1958)	8	石磊、胡咏超、杨远、黄声孚、陈特、陈启云、谢廉昌、苏庆彬

[①] 新亚研究所网页。网址：https://newasia.org.hk。

续 表

届次（年份）	毕业人数/人	毕业生姓名
第三届(1959)	7	王俊儒、李杜、李明光、周卓怀、黄开华、叶龙、赵效宣
第四届(1960)	6	王兆麟、胡应湖、尚重濂、金中枢、赵潜、黄鸣
第五届(1961)	6	何启民、曹仕邦、区惠本、杨启樵、廖珍、罗炳绵
第六届(1962)	7	陈绍棠、陈大敦、刘家驹、庞圣伟、郑炯坚、辛炎德、邝利安
第七届(1963)	10	林炳昌、黄养志、李金钟、麦仲贵、叶伯荣、逯耀东、梁中英、梁天锡、张震、黎华标
第八届(1964)	2	黄汉超、莫广铨

培养一批史学人才

在钱穆的熏陶和牟润孙的指导下，新亚研究所在20世纪50年代中期至60年代中，培养了一批史学人才，在中国史多个领域都有表现。罗球庆治宋史，后任教于香港中文大学崇基学院史地系。余秉权以编《中国史学论文引得：1902—1962年》（香港：亚东学社，1963年）等书为学界所熟知，另有《中国史学论文引得续编：欧美所见中文期刊文史哲论文综录》（美国：哈佛大学哈佛燕京图书馆，1970年）。

何佑森（1931—2008），安徽巢县人，台湾大学中国文学系毕业，入新亚研究所师从钱穆，专攻经史之学，毕业后任助理研究员，复至哈佛大学进修，受业于杨联陞。曾任新亚书院历史系兼任讲师，后回母校台湾大学任教。著作编为《何佑森先生学术论文集》（台北：台湾大学出版中心，2009年），分为《儒学与思想》及《清代学术思潮》两书。

陈启云（1933—2020），1956年毕业于台湾师范大学，随即入新亚研究所，师从钱穆。曾赴哈佛大学进修，后回台湾清华大学任教。著有《陈启云文集》（桂林：广西师范大学出版社，2007年），分为《治史体悟》及《儒学与汉代历史文化》两种。

金中枢（1928—2011），新亚研究所毕业后，曾任新亚书院历史系兼任讲师，后赴台湾成功大学历史系任教，专研宋史。著有《宋代的学术和制度研究》八册（台北：稻乡出版社，2009年）。

杨启樵（1931—2019），新亚研究所毕业后，赴日本京都大学进修，专攻明清史，后来在广岛大学文学院任教。著有《揭开雍正皇帝隐秘的面纱》《明清皇室与方术》《明清史抉奥》等。

罗炳绵，新亚研究所毕业后，在香港浸会学院史地系任教，后转到香港中文大学历史系，讲授"明清史""中国社会经济史"等科。著有《清代学术论集》等。

钱穆要求史组研究生要选专门史和断代史，一纵一横，早期新亚研究所毕业生，大抵都能两者兼备。从他们任教的科目和出版的著作，可以充分反映出来。

出版物和研究成果

钱穆兼任所长期间，新亚研究所的出版物是很可观的。首先，是1955年创办《新亚学报》（年刊），至1964年，已出版至第七卷（共13期），累计近千万字。其次，是出版研究专刊，1957年出版了钱穆所著的《庄老通辨》，翌年出版钱穆著《两汉经学今古文平议》、唐君毅著《人文精神之重建》及牟润孙著《注史斋丛稿》。接着，1961年有施之勉著《汉书补注辨证》、梅应运著《词调与大曲》，1962年有潘重规著《亭林诗考索》、李书华著《中国印刷术起源》、孙鼎宸编《新亚书院文化讲座录》，此后则为东南亚研究专刊及史料专刊。

1962年，新亚研究所成立东南亚研究室，由陈荆和主持。同年，增聘史学家严耕望、全汉昇和哲学家牟宗三、徐复观为导师。研究所的阵容，至此臻于顶峰。

牟宗三（1909—1995），山东栖霞人。北京大学哲学系毕业，曾任教于成都华西大学、重庆中央大学等，1950年应台湾师范大学之聘，1956年转到东海大学任教。1960年到香港大学任教中国哲学，1968年转到香港中文大学新亚书院，次年接任哲学系主任，至1974年退休后，续在新亚研究所任教，著作甚丰，有《道德的理想主义》《历史哲学》《政道与治道》《才性与玄理》《心体与性体》等。

徐复观（1904—1982），生于湖北省浠水县。曾留学日本，回国后度过军旅生活和政治生涯，得熊十力教诲，自此逐渐由政治转向学术。1952年起，先后在台湾省立农学院、私立东海大学及香港新亚研究所任教。著有《学术与政治之间》《中国人性论史·先秦篇》《两汉思想史》（一至三卷）、《中国经学史的基础》《中国思想史论集》等。

谢幼伟从1959年起，担任新亚研究所教务长至1970

年。他在新亚研究所的学术演讲讨论会上,以"历史与哲学"为题发表讲话,认为历史与哲学皆同为对人类生活在宇宙中之意义和价值为其目的。哲学需要历史,"因为哲学是由历史中发展出来的,而任何哲学必有它的历史性";历史需要哲学,因为"历史不仅记载过去的事实,还要问这些事实的存在原因与理由,价值与意义"①。

谢幼伟的重要论文《孝与中国文化》载《新亚学报》第四卷第一期(1959年8月)。他在新亚研究所发表的专题演讲,1961年有"论道德价值",1962年有"论艺术价值""论人生价值""历史与价值""文学与价值",1963年有"哲学的价值""论价值的种类与等级""论价值意识的培养",1964年有"论道德价值的主观性与客观性",1965年有"孝经与论语中孝道思想之比较"②。新亚研究所提导文学、历史、哲学、艺术兼容互通,于此可见一斑。

---

① 谢幼伟讲、麦仲贵记录《历史与哲学》,载黄浩潮主编《珍重·传承·开创:〈新亚生活〉论学文选》上卷,第113—120页。
② 《香港中文大学新亚书院研究所概况》(1965年),第38—39页。

第六章
农圃道校舍：新阶段的奠基和开展

新校舍的启用和扩建

1956年10月11日，新亚书院农圃道新校舍正式举行启用典礼。次年2月，在迁入农圃道校舍的新学年，增辟艺术专修科，后于1959年秋正式成立艺术系。

新亚文商学院成立时，实际注册学生人数为42人，1957年春季迁入农圃道时，已增至292人。雅礼协会驻新亚代表罗维德（Reverend Sidney Lovett）建议增设理学院，钱穆谓早有此意，遂于1960年先创办数学系和生物系，一年后再增设物理系及化学系，并正式成立理学院。1960年11月农圃道第二期新校舍落成，举行典礼。在此之前，钱穆于新亚书院成立十周年，发表题为《珍重我们的教育宗旨》，强调：

我们是中国人,我们是为着栽培中国青年而创办此学校。中国文化有其五千年的悠长传统,必有其内在宝贵之价值。我们该使中国青年懂得爱护此传统,懂得了解此传统之内在价值而能继续加以发扬与光大。①

由于各方面的发展,香港社会对大学学额的要求不断增加,1958年,香港政府终于接受创办一所新大学的建议,并拟就新大学的纲领凡二十余条款,主动邀请新亚书院参加及给予意见。1960年,新亚书院接受香港政府的建议,改为专上学院,参加统一文凭考试,同时接受香港政府的补助。

筹建香港中文大学

香港政府委任富尔敦委员会研究成立香港第二所大学,富尔敦委员会经研究后,建议成立一所联邦制的大学,1963

---

① 钱穆《珍重我们的教育宗旨——新亚书院成立十周年纪念演讲词》,载《新亚遗铎》,第188—190页。

年成立的香港中文大学，就是由崇基学院、新亚书院、联合书院三个成员学院组成的[①]。

崇基学院成立于1951年10月，基本上是由内地迁港的基督教大专院校重组而成；1955年经香港政府立法，成为法定组织。创校之初，借用圣约翰大教堂及圣保罗中学上课，其后迁至坚道及下亚厘毕道圣公会圣约瑟纪念堂的校舍。1956年迁至新界马料水现址，1959年成为香港政府补助专上学校，1963年成为香港中文大学三个成员学院之一，其后联合书院和新亚书院相继迁入沙田。

联合书院成立于1956年6月，由广侨、光夏、华侨、文化、平正五所专上学院合并而成，五校原为广州及其邻近地区的私立大学，1949年后相继迁到香港办学。1962年至1971年间，联合书院校舍在港岛半山区东边街。1963年加入香港中文大学，成为创校时三间成员学院之一。

1963年4月27日，由香港政府全数拨款资助的农圃道第三期校舍礼堂落成。同年10月17日，香港中文大学正式宣告成立，时任港督柏立基爵士在香港大会堂主持成立。次

[①] 《新亚简史》，载张学明、何碧琪主编《诚明奋进——新亚精神通识资料选辑》，第356—358页。

年 1 月 20 日，年近七十的钱穆向新亚董事会辞职。1965 年 6 月，正式卸任新亚书院院长职务。钱穆在香港的教育事业，宣告结束。

1957 年新亚书院启用农圃道校舍，至 1963 年香港中文大学成立，是农圃道时代前期；1963 年起，至 1973 年新亚书院迁入沙田新校址，是农圃道时代后期。由于同在一个校舍，大抵上延续了创校初年以来的学风和精神，而续有所发展，所以新亚书院的农圃道时代基本上是根脉相连的一个整体。

概括而言，桂林街时代是"新亚精神"的萌生时期；农圃道是"新亚精神"的发扬时期，而且广泛为人所称道；至于其后的沙田时期，是"新亚精神"的转换时期，新亚书院不但是香港中文大学的组成部分，而且师生的校园生活都与广阔的马料水大学校舍混合为一了。

校训"诚明"释义

新亚书院的校训"诚明"，在迁到农圃道之前，即桂林街时代后期，就已经确立了。1953 年 4 月，在新亚礼堂落成纪念的时候，新亚书院校友会，就以"诚明"两字题匾献礼。

据钱穆在1955年10月的讲话，新亚书院创办了六年，才决定用"诚明"两字作为校训，是郑重其事而又谨慎其事的。"诚明"两字连用，见于《中庸》："诚者，天之道也。诚之者，人之道也。"又说："自诚明，谓之性。自明诚，谓之教。诚则明矣，明则诚矣。"

他解释道，"诚"字是属于德性、行为方面的，"明"字是属于知识、了解方面的，这正是新亚一向所强调的，要把为学、做人认为同属一事的精神。"诚"的第一步工夫，先要"言行合一""内外合一"；第二步工夫，是"人我合一"，不欺骗自己，也不欺骗别人，做一个诚实人；第三步工夫是"物我合一"，我有我的真实不虚，物有物的真实不虚，人生便是这人的真实和物的真实之和合；第四步工夫便要"天人合一"，也可说是"神我合一"的境界了。

人必通达人情、明白物理，才懂得如何真真实实、完完善善地做一个人。钱穆认为人生不出四项真理的范围："第一项真理，是人格真理，道德真理。第二项真理，是社会真理，人文真理。第三项真理，是自然真理，科学真理。第四项真理，是宗教真理，信仰真理。"四项真理融通会合，明白这四项真理，到底还合一项真理，这便是《中庸》所说的

"诚则明，明则诚"的道理了①。

唐君毅且以《新亚校歌》中"五千载今来古往，一片光明"为言，他说："在宇宙中有一个我，我有一心灵的光明。……此一个我，属于我的家，我的国，我的世界，我的宇宙，亦在此我的宇宙中，放出此心灵的光明；更能以此光明，去照见古往今来无数的人之心灵的光明中所照见的，而彼此光光相照，以相继不已。"②

农圃道时代的进展

有几件事需要补充和说明的。第一，在桂林街时代，由于地方所限，新亚书院和新亚研究所分处两地，未能充分发挥学术互动。其后新亚研究所亦迁入农圃道校舍，有更大活动空间，与书院师生互相呼应，所以农圃道时代的新亚研究所，办得非常出色，成绩粲然可观。

第二，新亚书院在农圃道时代，有文、理、商三个学院，教学课程鼎足而立，互相配合，而又各展所长。校舍虽

---

① 钱穆《新亚校训诚明二字释义》，载《新亚遗铎》，第75—79页。
② 唐君毅《略释"诚""明"》，载张学明、何碧珠主编《诚明奋进——新亚精神通识资料选辑》，第57—58页。

仍然很小，师生学问却越来越大，规模奠立，成就了一代人才。

第三，是与海外学界的联络日见加强。1958年春，新亚书院与日本的亚细亚大学，基于建校理想方向相同，亚细亚大学校长太田耕造氏访问新亚，双方达成协议，互相交换教授，每年并进行交换学生计划。新亚研究所由1960年开始，招收外籍研究生。

第四，是校园生活的多元化。课外活动方面，除原先的学生团体外，添设国乐团和国剧团，经常举行表演，唐君毅夫人也参加了国乐团。校舍内有篮球场和乒乓球室等，体育活动使校园更具青春气息；除礼堂外，圆亭教室（演讲室）是举行学术活动的场所，中外学者常来演讲，成为新亚书院的建筑标志；圆亭周围的一块草地，更是师生休憩、谈天、唱歌的好地方。一条红色的走廊，把课室、校务处、图书馆连接起来，碰面时互相点头，增进了师生情谊和同学感情，就算是不同学系的学生，往往也能彼此认识。

第五，是创办书院刊物，定时发布各项消息和资讯，师生人手一册，消除隔膜。《新亚生活双周刊》于1958年5月5日创刊，钱穆在《发刊词》中，形容《新亚生活》为

"新亚心",是新亚的一面镜,也是新亚将来的一部历史①。

创办艺术系经过

1957年,新亚书院创立艺术系,1963年加入香港中文大学,几十年来培养了一代又一代的美术专门人才。艺术创作与大学其他科目颇有差别,学生的承教自也不同。如丁衍庸,偏重教者的启迪及学生的感悟,当中产生的化学作用,是直观而神秘的过程。著有多种国画画谱的周士心,和著有《国画梯阶》的萧立声,乐于为学生设计按部就班、循序渐进的教学模式,可说是言教的典范。高美庆指出:

> 不论采用哪种教学方法,早期的老师均将艺术教育置于较广阔的人文修养中,以自我的言行身教,贯彻为学、做人与艺术创作的共通性。艺术系创办人之一的陈士文老师,即是其中的表表者。②

---

① 钱穆《开刊词》,载《新亚生活双周刊》第一卷第一期(1958年5月)。
② 高美庆《序二》,载《师道传承——从新亚至中大的传艺者》(香港:香港中文大学艺术系系友会,2012年),第14—15页。

艺术系创办之前，钱穆向董事会报告，书院拟设一艺术系，但因经济困难，所以首先添设两年制的"艺术专修科"，只求在校中划出教室及办公室两间。教师一如创校时的先例，只致送钟点费，俟艺术专修科获得社会认可后，相机再办艺术系。

艺术专修科创始后，得到三四位侨港珍藏名画者借出所藏，约有四十件，暑假期间由新亚开一个展览会。观者络绎，港督亦特去参观。其后艺术专修科师生又举行了一次作品联展，颇获佳誉；这批展品后由雅礼协会赞助，运到美国各地巡回展出。1959年秋，艺术系得以正式成立。但教师待遇仍不平等，遂于假期开设补习班，书院即以补习班所得学费补贴艺术系各教师，聊济薪水之微薄[①]。

钱穆说，他因刘百闵介绍，得识陈士文。陈士文（1907—1984），毕业于杭州艺专，曾赴法国专习西画。钱穆请他到校创办艺术系，以教授中国画为主、西洋画为辅；陈士文商得老友丁衍庸同意，又请得其他数人，阵容整齐。

丁衍庸（1902—1978），广东茂名人。东京美术学校毕业。中国现代美术的倡导者之一，国画、油画、篆刻、书法

---

① 钱穆《新亚书院创办简史》，载《新亚遗铎》，第668—669页。

俱佳。不管是不是学生，人人都称他为"丁公"。他的教学法，是让学生用心看，用神领会。为了让学生好好吸收，同一题材，他会画很多，每节课，学生都至少能得到一张画稿①。

周士心（1923—2021），生于苏州，毕业于苏州美专，1949年移居香港。1971年移居美国，1980年定居加拿大。他在新亚艺术系教授花鸟画课，悉心教导梅、兰、菊、竹"四君子"画法之道②。《周士心谈艺录》精选他自1954年至1999年撰写的文章33篇，由香港商务印书馆于2000年出版。

萧立声（1919—1983），广东潮州人。人物画家，1962年任新亚艺术系兼任讲师。他在山水画、花鸟画方面造诣亦深，尤其是山水，别有气象，因授课所需，多下功夫，登上大师殿堂。早年著有《国画梯阶》上、下册，是初学者的入门手册；在不同时期，出版过一些书画集③。

---

① 张丽真《丁公》，载《师道传承——从新亚至中大的传艺者》，第22—24页。
② 梁慧燕《记周士心先生》，载《师道传承——从新亚至中大的传艺者》，第80—81页。
③ 黄继昌《国画多面手萧立声》，载《师道传承——从新亚至中大的传艺者》，第70—74页。

还有一位教书法的曾克耑（1900—1975），祖籍福建闽侯，生于四川成都。他在新亚艺术系教书法，四体之中，在楷书和狂草用力至深，成就最显。曾任上海暨南大学讲席、国史馆特约纂修。50岁后寓居香港，任教于新亚书院中文系，讲授诗和古文辞课程，后又在艺术系负责书法课程[①]。学生的诗词习作，经他修改后，常安排在《新亚生活双周刊》发表，以资鼓励。有《颂橘庐丛稿》等。

诚如高美庆所说，"在昔日学生眼中的老师关心学生的成长和发展，不仅在艺术的道路上为之解惑，在人生的路途上亦多所启发，生命因之而改变，产生深远的影响。这是最深刻的师生关系，也是老师辛勤耕耘的最大慰藉"[②]。艺术系老师如是，当年新亚书院的多位老师亦如是。

[①] 李润桓《曾克耑教授》，载黄浩潮主编《珍重·传承·开创：〈新亚生活〉论学文选》上卷，第77页。
[②] 高美庆《序二》，载《师道传承——从新亚至中大的传艺者》，第15页。

第七章
新亚历史系：香港院校开创先河

文学与历史分成两系

新亚书院创立初期，设文史系，钱穆兼系主任，在文学、历史两方面奠下了根基。1954年，系主任之职由牟润孙担任，当时在四系之中，师生人数和开设课程最具规模。次年迁入农圃道校舍后，学生及课程续有增加，文史系于是分为中国文学、历史学两系，牟润孙分别担任两系系主任。1956年至1959年间，原先的文史系学生仍以文史合并的毕业论文考试作为毕业标准，1960年两系完全分立后，中文系系主任由黄华表（1892—1977）担任；历史系主任由牟润孙担任，当时全系学生有三十余人。在香港高等院校之中，历史科独立成为一个学系，以新亚书院为最早。

1963年香港中文大学成立,牟润孙荣升中国历史科讲座教授;新亚书院历史系系主任之职,由孙国栋接掌。历史系在他们两位的带领下,学生人数渐增,水平日益提高,至1969年,以新亚历史系为第一志愿的考生多达470人,而录取的新生才21名左右。在文学院中,历史系学生人数仅次于中文系。

教学人员随而增加。1956年,程绥楚(靖宇)为兼任讲师,教"中国通史";同年,王聿修教"西洋现代史",并担任训导处训导主任。次年"西洋现代史"由曾特任教,他亦担任训导主任之职。1958年,孙国栋入历史系任教,先后讲授多个科目,包括"中国通史""中国政治思想史""中国文化史""中国历史要论""隋唐五代史"和"资治通鉴"等。他协助钱穆和牟润孙处理教学和行政工作,五年后才继任为历史系主任。

钱穆讲课的情形

钱穆讲课是很有声势的,颇能吸引听众。1956年9月,钱穆在农圃道新校舍主持开学典礼。李学铭忆述当时的情形如下:

我看见有一个矮小壮实、肤色黝黑、广额方脸、架深度近视眼镜、目光锐利、精神饱满、身穿蓝色长袍的人，站在高高的台上，说着我完全听不懂的话。①

钱穆在当年下学期代替离职的程绥楚，任教"中国通史"课，"不但教室坐满了人，甚至临时在教室空隙处加了多张椅子，也马上为人所占，有时门边还挤了许多站着听课的人。他的无锡国语并不好懂，有听了几年课的同学，仍然不懂他在说什么。可是我们如果能克服语音的障碍，就知道他的讲论颇能深入浅出，其中既有理性的辨析，又有感性的表达，而且声音抑扬顿挫，富有韵律、魅力，难怪他的讲课和演讲，每次都能吸引一大群听众"②。

钱穆讲授"中国通史""中国文学史"和"中国文化史"，三门学科的助教当时都由孙国栋担任。其后，钱穆由于事务繁忙，除了新亚研究所，甚少为大学部的学生讲课。"中国通史"课，自此就由孙国栋接任讲授。

---

① 李学铭《农圃旧事》，载李学铭著《读史怀人存稿》（台北：万卷楼图书股份有限公司，2014年），第326—327页。
② 同上注。

中西史兼备的课程

1959年起,陶振誉到新亚书院历史系任教。陶振誉(1911—1986),国立清华大学文学士,日本东京帝国大学肄业。1940年代初在武汉大学任教,后任台湾师范大学历史系教授。1955年为台湾"中央研究院"近代史研究所研究员,与郭廷以、张贵永等共同编纂《中国近代史资料汇编》,包括《海防档》《矿务档》《中美关系史料》等。他在新亚历史系讲授"日本史""明清史""中国通史""西洋中古史""西洋近代史""中外关系史"等科目,1969年起任新亚书院训导长(后改为辅导长),至1974年退休。编著《世界各国汉学研究论文集》,撰述《日本学人对中国史的研究》;《日本史纲》是供大学生修习日本历史参考之用,是有关方面较早期的一本教材[1]。

西洋史方面,1958年起,金攸鹿任教"西洋通史""西

---

[1] 周佳荣《陶振誉教授》,载黄浩潮主编《珍重·传承·开创:〈新亚生活〉论学文选》,第140页。

洋近代史""西洋中古史"和"英国史",至1963年。1960年至1965年,汤定宇任教"西洋通史"和"西洋上古史"。汤定宇退休后,改任树仁学院中文系系主任。1966年起,王德昭任教"文艺复兴与宗教改革(1350—1650)""中西交通史""西洋通史""西洋现代史"等多个科目。1970年代初,王德昭兼教"近代中国思想史""近代中外关系史"等科。1972年转到香港中文大学联合书院,任教至退休。1970年至1972年,新亚历史系的"西洋近代史""西洋文化史"由杨颂良任教。

中国史方面,1959年,陈启云教"辽金元史研究";同年起,罗球庆先后任教"宋史研究""宋史""中国通史""宋辽金元史"和"中国史专题研究"等科目,至1967年转到崇基学院历史系,讲授"中国通史""明清史""日本史""西洋中古史""西洋近代史"和"中外关系史"。1960年至1965年何佑森在系内兼任,讲授"中国通史"和"明清史"。兼任讲师,还有范祖淹、张忠绂、金中枢三位,后者任教"中国通史""宋辽金元史""明清史"至1972年离港赴台。

程绥楚(1916—1997),笔名今圣叹,湖南衡阳人,生于北平。西南联大史学系毕业,受业于陈衡哲、陈寅恪门下。曾在天津南开大学任教,1951年在港与人创办崇基学院,先后在联合书院、新亚书院兼课,至1964年离开香港中文大学,后为《明报》专栏作家。

张忠绂(1901—1977),湖北省武昌县人,是著名政治学家、外交家,历任东北大学、南开大学、北京大学政治学系教授,著有《中华民国外交史(1911—1921)》。1949年去美国,后居香港,在新亚书院短暂任教,讲授"中国现代史"。

陈荆和一面在新亚研究所主持东南亚研究室,一面在新亚历史系讲授"日本史"和"东南亚史"。1966年历史系除了聘任王德昭外,还有全汉昇、严耕望两位。全汉昇讲授"中国近代经济史""中国经济史研究""中国社会经济史"及"专题研究";严耕望讲授"秦汉史""史学专题研究——国史地理与人文研究""中国中古史研究""中国历史地理""中国政治制度史""中国中古地理研究"等科目。上述三位,均于1977年退休。此外,苏庆彬于1967年入系任教,讲授"秦汉史""魏晋南北朝史""中国通史"和"中国历史要论";1975年至1977年间,出任新亚书院历史系主任。"诚实做人,朴实为学"可说是他一生的写照,看似平凡无奇,对于一位学者来说,是不容易达到的境界①。新亚书院搬入沙田新校舍之初，面临一个过渡和转换时期，苏庆彬在延续新亚学风方面，为书院和历史系作出了重大的贡献。

教授阵容和科目

农圃道时代后期，新亚历史系的教师阵容是很强大的，中国史有牟润孙、严耕望、全汉昇三位，西洋史和史学方法有王德昭，日本史和东南亚史有陈荆和，都是在国际学界享有盛名的学者；第二梯队的学者有孙国栋、苏庆彬、金中枢，他们三人分别任教文、理、商学院的"中国通史"科。加上众多学有专长的兼任讲师如张忠绂、罗梦册等，以及雅礼协会代表、外籍讲师，任教美国史、英国史、俄国近代史、西洋文化史等，中国、亚洲、欧美历史兼有，古代史、近代史俱备，历年开设的科目洋洋大观，必修、选修层次分明（见表7-1）②。

---

① 陈万雄《诚实做人，朴实为学——我所认识的苏庆彬师》（代序），载苏庆彬著《飞鸿踏雪泥——从香港沦陷到新亚书院的岁月》［香港：中华书局（香港）有限公司，2018年］，第21—24页。
② 《新亚历史系系史稿》（香港：香港中文大学新亚书院历史系系会，1985年），第10页。

表 7-1　新亚书院历史系开设科目(1963 年至 20 世纪 80 年代初)

课程范围	主 要 科 目
通史	中国通史、西洋通史、世界通史、西洋文化史、世界文化史
中国史 (断代)	中国史前史、中国上古史、秦汉史、魏晋南北朝史、隋唐五代史、宋辽金元史、明清史、中国近代史、中国现代史、现代中国、1911 年以后的中国
中国史 (专史)	中国文化史、中国学术思想史、中国近三百年学术思想史、中国经学史、中国思想史、中国中古及近代思想史、中国近代思想史、中国政治制度史、中国社会经济史、中国经济史、中国近代经济史、中国史学史、中国佛教史、中国历史地理、中国中古地理研究、中国文学史、中国中古史料、中国哲学史、中国经济史研究、中国史专题研究
世界史 (西洋)	西洋上古史、西洋中古史、文艺复兴与宗教改革、西洋近代文明之开端、西洋近代史、欧洲近代史、西洋现代史、欧洲现代史、现代世界史、西洋史学史、西洋国别史、英国史、美国史、法国革命史、俄国革命史、德国近代史、西洋经济史、西洋社会经济史、欧洲近代思想史、西洋史学名著选读
世界史 (其他)	日本史、东南亚史、日本思想史、香港史、中西交通史、中外关系史、近代中外关系史、中美关系史、比较世界史、世界史专题研究
史学科目 及其他	史学方法论、比较史学方法、比较史学史与史学方法、口述历史导论、历史研究与历史学者、历史哲学、西方中国史学研究、西方之中国学、中国史学名著选读、中国史学名著评论、古籍导读、左传、考古学、校勘学及实习、地学通论、方志学、人类学

钱穆为书院命名为"新亚",是在亚洲文商学院的名称上前瞻,希望有一个"新亚洲",中国文化可以重新发挥更积极的作用。历来师生对"新亚"一名的理解或有不同,而钱穆为新亚历史系所奠下的根基,只要向前再走一步,即可从中国到亚洲而达于世界。至其关键,则在"复兴"两字而已[①]。新亚历史系课程在相当程度上展示了一代大师的历史眼光,是不容忽视的。

---

① 周佳荣《序》,载周佳荣著《新民与复兴——近代中国思想论》第二版(香港:香港教育图书公司,2008年),第4页。

第八章
香港中文大学：高等教育新里程

对香港中文大学的看法

钱穆在1963年的秋季开学典礼上，宣布香港中文大学快要正式成立，此后要注意到新亚书院的地位，从前是一间私立学校，今后将变成香港中文大学的一部分，是公立，其间有很大的分别。将来的毕业生，具有两项资格，一是新亚的毕业生，一是香港中文大学的毕业生。新亚、崇基和联合的教授，慢慢地会变成中大的教授了，不同的是，他们分别在三个院校任教而已。

他寄望"诸位今天以后所要注意的，精神要天天创造，理想要步步实现。果能如此，并不妨碍今后的新亚"。钱穆表示，创造精神实现理想，有三个要点：第一，一切行政制度化；第二，课程学术化；第三，生活艺术化。"现在制度当然可以随时修改，但不该加以蔑视。"今后务使教授和同学更加努力，要在学术上有成就。"所谓艺术化的人生，就是要有礼乐的人生。"①

对于新亚书院应否参加香港中文大学，当时有不同的看法。钱穆说，崇基、联合均同意，新亚同仁则多持异见。他认为新亚早期的最大贡献，是为大批来港的青年提供就学机会，由于时局渐定，已无此种需要。"而新亚毕业生，非得港政府承认新亚之大学地位，离校谋事，极难得较佳位置。倪香港大学外，港政府重有第二大学，则新亚毕业生出路更窄。"况且香港再增办一大学，教师薪额一比港大，此后络续向各地延聘教师，亦可借此为国储才②。

钱穆这番说话，是有一番道理的。就如香港浸会学院，因为不加入香港中文大学，毕业生的待遇，经多年争取，到1994年学校升格为香港浸会大学，才有机会与香港大学、香港中文大学相对公平地竞争。浸会书院（1972年改称香港浸会学院）选择独自办学，原因之一是教会背景和决定。至于新办大学的名称，久久未有落实，钱穆认为，不如

---

① 钱穆《秋季开学典礼讲词》（1963年9月9日），载《新亚遗铎》，第480—486页。
② 钱穆《新亚书院创办简史》，载《新亚遗铎》，第670页。

径取已用之英文名，直译为中文大学，众无异议①。

辞去新亚书院职务

1964年7月，钱穆在新亚毕业典礼上，提到他辞去新亚书院的事，说他任职新亚校长已15年，请辞是"任职新亚校长之毕业"，他常想："人应该不断有新刺激，才会不断有新精力，使他不断走上新道路，能再创造新生命。"又说，他自17岁起，53年来始终在教育界，上堂教书是他的正业；下堂读书著书，是他业余的副业。担当学校行政工作，是在非常环境非常心情下做的；此刻摆脱现职，自然仍想回到他的正行本业去。以下是钱穆的一番心底话：

> 只我年岁日迈，此15年来，对学业上不免更多荒疏。我有更多想看的书没有看，更多想写的书没有写。此下我将翻转我以前所为，以读书著书为正业，以上堂教书为我谋生之副业。诸位或要想我已逾了退休年龄，但

---

① 据沈燕谋1961年1月27日的日记，钱穆在校务会议中曾提议新大学命名为"东方大学"，众皆赞同，事见朱少璋主编《沈燕谋日记节钞及其他》，第359页。

我的精力决不需退休，我的经济亦不可能退休。诸位且看我此下如何另辟生路吧！①

钱穆又提到，他立志想写一部有关研究朱子的书，预期三年完成，纵不然延长到五年，此书定可成。他强调此书完成，在中国学术历史上，在中国文化教育上，绝不比他创办新亚或主持新亚意义更狭小些，价值更轻微些。他所说的这本书，就是《朱子新学案》。

钱穆离开新亚书院后，住在新界沙田山麓的和风台寓所，放下了以往在新亚的一切事务，但内心对有关新亚的事仍然十分关注。在他毕生从事教育工作的历程中，创建新亚是极为重要的阶段，他不辞劳苦，对新亚寄予厚望，希望能借此保存中国传统历史文化，并且加以发扬。香港中文大学成立后，他与大学校长的教育理想不大相符，毅然决定离开。钱穆究竟是"辞职"，抑或是"退休"呢？

有一次，苏庆彬在师生相叙时，直接向钱穆提出这个疑问，钱穆即时毫不犹豫，斩钉截铁，带着严肃的语气说：

---

① 钱穆《有关穆个人在新亚书院之辞职——新亚毕业典礼讲词》（1964年7月），载《新亚遗铎》，第545—551页。

"我是辞职的。"从这句话的表情，正好说明他离开中大是一种表态①。对于一个学者来说，在身体仍然健康的情况下，宣告退休，放下长期以来的教学工作，停止继续研究，在现实上、心理上一时是难以抉择的。钱穆那个时代的中国学者，态度尤其如此，在去意已决的时候，宁愿选择辞职一途。

钱穆说他"自新亚决定参加大学，去意亦早定。大学既成半年，乃商之赵冰董事长，得其同意，辞去新亚院长之职"。此事提出是在1964年夏，董事会通过钱穆休假一年，正式离职是在1965年。自新亚书院创校至此，前后16年，连同新亚文商夜校，则为17年。钱穆说，这是他生平最忙碌的17年②。因为是辞职，不是退休，所以钱穆放弃了一笔为数可观的退休金，亦在新亚校史上为师生留下了一个话题。

辞职后的去向

1965年6月，钱穆卸任新亚书院院长职务。南洋大学商

---

① 苏庆彬著《七十杂忆——从香港沦陷到新亚书院的岁月》，第280页。
② 钱穆《新亚书院创办简史》，载《新亚遗铎》，第676页。

请他任校长，但钱穆推却了。7月赴吉隆坡，任马来亚大学教授。旋因胃病，于次年2月回港，开始写《朱子新学案》，后于1969年成书，1971年在台北自印出版。这本巨著共五册，凡150万字，把朱熹作为百科全书式人物的形象再现出来，是钱穆此书超越前人同类著作之处[①]。

钱穆在香港中文大学成立后的新亚书院任职虽短，却留下了一项德政。当时大学学费是每月40元，新生入学，崇基学院和联合书院都要学生缴交半年学费和一个月按金，合共240元。钱穆认为入读新亚的学生以贫穷子弟居多，容许只交一个月学费和一个月按金，即80元，然后逐个月交学费，此举可以减轻学生和家长负担。这项规定，至少维持至农圃道时代结束。当时确有新生因为入学时毋需缴付大笔学费，而以新亚书院为首选的[②]。

[①] 周佳荣著《钱穆史学导论——两岸三地传承》，第114—115页。
[②] 同上书，《序》，第1—2页。

第九章
弘扬新史学：著述的丰盛和普及

主持新亚时期的著述

北京大学是近代中国的最高学府，钱穆主持新亚书院多少得自他在北大任教的经验，1957年他在香港自印出版的《秦汉史》，可说是他从北大教学归结到新亚时代的一部著作。此书原为1932年在北京大学授课的讲义，又曾在清华大学讲授，继而讲述汉初之治、西汉全盛和中衰、昭宣以后的儒术、西汉一代的政治，至王莽新制结束，书中没有篇章提到东汉，是一部未完成的秦汉史著作。抗战期间，钱穆并没有随身携带此书稿，幸而有学生保留着油印讲义，来港后付梓，遂成"半部秦汉史"。内容虽有欠缺，而对所述议题有深刻的探讨，非一般泛泛而论的秦汉史著作所能比拟。

由新亚研究所出版的三种著作，《庄老通辨》（1957年）、

《两汉经学今古文平议》（1958年）和《论语新解》（1963年），是学术性的著作，《论语新解》尤为精审。而《中国历代政治得失》，则最为普及，此书自1952年起印行了多版，至20世纪列为"东亚100万种先书"之一，被认为"是了解中国传统政治基本问题的最重要著作"[①]。此外，《中国思想史》（1952年）、《中国思想通俗讲话》（1955年）等都属于普及读物。

《宋明理学概述》（1953年）是承上启下的著作，此前的《中国思想史》着眼于中国思想的整体发展，《宋明理学概述》专注宋、明两代思想，提到的学者多达七十余人，下与《中国近三百年学术史》相接。钱穆其后致力撰写《朱子新学案》，实亦有"为往圣继绝学"之抱负。

钱穆于1948年出版《中国文化史导论》，来港后对"文化学"颇感兴趣，而成《文化学大义》一书，认为文化学今后必将成为研究学术思想的主要领域。《湖上闲思录》（1960年）探讨中西文化及其比较，从人文与自然说到价值观与仁

[①] 钱穆著《中国历代政治得失》一书的介绍，载东亚出版人会议编《当代东亚人文经典100》（台北：联经出版事业股份有限公司，2011年）。

慈心①。

举行月会和专题演讲

1957年底开始，新亚书院举行月会，原因是书院扩大了，师生聚会时间少，但是发扬新亚精神，是每一位师长和同学们所应该共同努力来完成的。新亚向来提倡通才教育，因为学问是不能分隔的，应该互相融会贯通②。其后钱穆在月会中的讲话，较少以学术命题，黄浩潮主编《珍重·传承·开创：〈新亚生活〉论学文选》上、下卷［香港：商务印书馆（香港）有限公司，2019年］，所收的文章很多都是校内外学者在新亚月会上的讲话内容。

1961年至1965年间，钱穆在新亚研究所举办的学术专题演讲中，总共作了20次演讲，大部分发表于《新亚生活》第四卷至第七卷各期（见表9-1）。当中谈《论语新解》，就有三次之多。孔子和《论语》是钱穆经常提到的话题，尤其是建议年轻人要多读《论语》。

---

① 周佳荣著《钱穆史学导论——两岸三地传承》，第95—98页。
② 钱穆《第一次月会讲词摘要》（1957年12月3日），载《新亚遗铎》，第104—105页。

表 9-1　钱穆在新亚研究所的专题演讲

年份	演　讲　题　目
1961	"中国儒学与文化传统""关于学问方面之智慧与功力"
1962	"学问与德性""中国历史上关于人生理想之四大转变""有关学问之道与术""有关学问之系统""学术与风气""历史与地理"
1963	"学问之入与出""推寻与会通""我如何研究中国古代地名""大学格物新义"
1964	"谈《论语新解》""再谈《论语新解》""三谈《论语新解》""谈当前学风之弊"（三次）
1965	"专家之学与名家之学""谈朱子研究"

读钱穆的专著，如果先浏览一下他的这些讲稿，总会得到一些启发，或者可以明白他撰著的深意。例如读《有关学问之系统》《学术与风气》，可加深对《中国近三百年学术史》的认识；要了解《史记地名考》（1962年），不妨先看《历史与地理》和《我如何研究中国古代地名》。

在《新亚学报》发表文章

《新亚学报》是新亚学人发表其研究成果的重要期

刊，钱穆有十多篇文章在学报上刊登，以一校之长，带头作用尤具积极意义。连同《发刊词》，在第一卷第一、第二期就有四篇；第二卷第一、第二期有两篇；第三卷第一、第二期有五篇。主要都在20世纪50年代后期。进入20世纪60年代，第五、第六卷亦各有两篇，可见钱穆在农圃道时代用功之勤（见表9-2）。

表9-2　钱穆在《新亚学报》上刊登的文章

卷　　期	文　章　题　目
第一卷第一期（1955年8月）、第二期（1956年2月）	《发刊词》（第一期） 《中国思想史中之鬼神论》（第一期） 《王弼郭象注易老庄用理字条录》（第一期） 《中国古代北方农作物考》（第二期）
第二卷第一期（1956年8月）、第二期（1957年2月）	《本论语论孔学》（第一期） 《释道家精神义》（第一期） 《论春秋时代人之道德精神》（第二期） 《朱子与校勘学》（第二期）
第三卷第一期（1957年8月）、第二期（1958年2月）	《西周书文体辨》（第一期） 《杂论唐代古文运动》（第一期） 《论文选》（第二期） 《读柳宗元集》（第二期） 《读姚铉唐文粹》（第二期）
第五卷第一期（1960年8月）、第二期（1963年8月）	《读诗经》（第一期） 《略论魏晋南北朝学术文化与当时门第之关系》（第二期）

卷　　期	文　章　题　目
第六卷第一期（1964年 2 月）、第二期（1964 年 8 月）	《推止篇》（第一期） 《读明初开国诸臣诗文集》（第二期）

近年，北京商务印书馆有钱穆著《劝读论语和论语读法》，2014 年第一版，2017 年第四次印刷，销路颇佳。书中所录文章，大部分是钱穆主持新亚书院时发表的文章和讲话内容，可见其时他反复对学生申明《论语》的重要性，实有寓孔子行述于教育的用意[①]。

多次来港参加活动

钱穆离港后，每逢新亚书院有重要纪念活动，他都回来参加，以示支持。1969 年 9 月，为新亚书院 20 周年纪念献词，当时他 74 岁。1977 年夏，新亚书院特设"钱宾四先生学术文化讲座"，钱穆应邀允为第一次讲者，次年 10 月，做

[①] 钱穆著《劝读论语和论语读法》（北京：商务印书馆，2014 年），以《孔子诞辰劝人读论语并及论语之读法》一篇最能反映全书的主旨，第 1—17 页。

"从中国历史来看中国民族性及中国文化"的讲座，共有六讲，主要论述中国人的性格、行为、思想总纲、文化结构等，汇编为同名书籍，1979年分别由中文大学出版社和联经出版事业公司在港、台两地出版。当时他已84岁。

1984年7月到香港，门人为祝90（虚龄）寿辰，并与从中国内地来港的四子孙，在新亚书院聚首月余。1989年9月，钱穆94岁时，到香港出席新亚书院创校40年校庆，是他最后一次来港。钱穆说，离开了二十几年，香港与新亚始终在他深切的关怀中，两者是难以分开的。时值香港"九七回归"前数年，钱穆说："目前的香港究该如何？这是香港人眼前一大事，正须待香港人自己好好努力。我们总不能再存有依赖英国人之想，中国人的事该由自己负责。"新亚创立40年来面对所处的环境，曾尽了他的一份责任；"然而40年后，新亚即将要面对一个与前全然不同的环境，他所负的历史使命也将有所不同。我们要对抗外来的压迫是比较容易的，建立内在的自由却较难"①。次年8月30日，钱穆在台北杭州南路寓所逝世，享年95岁，归葬苏州市吴中区金庭

---

① 钱穆《新亚四十周年纪念祝辞》，载《新亚遗铎》，第681—685页。

镇秉常村的一座山岗上。

《新亚遗铎》及其他

《新亚遗铎》(台北：东大图书公司，1989 年）是钱穆生前所编的最后一本书，收录新亚校训、学规、校歌及讲词、文稿等，可见他晚岁仍然怀念在香港新亚的这段日子。这年适逢新亚书院创校 40 周年，而钱穆离开新亚已 23 年了。此书除收入《钱宾四先生全集》(台北：联经出版公司，1998 年），2004 年也有北京三联书店简体字版。

在此之前，钱穆 80 岁时，写成《八十忆双亲》，讲述他的家庭和少年生活。88 岁时，写成《师友杂忆》，细述平生师友情谊，亦是他的学术自传。其后汇编为《八十忆双亲师友杂忆合刊》(台北：东大图书公司，1983 年），并收入《钱宾四先生全集》中，内有《香港新亚书院》五篇及《我和新亚书院》等文。

下 编

新亚史学家：早期的师生传承

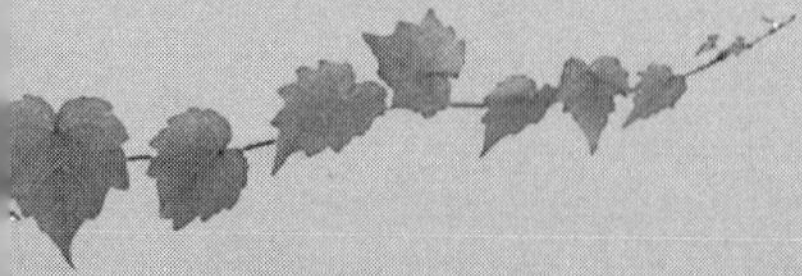

钱穆离开香港后，仍然著述不辍，由 74 岁至 95 岁，总共出版了 23 种书，或为新著，或据旧稿编订，直以著书为"正业"。至于"副业"方面，1969 年 1 月，他为台湾中国文化学院（现台湾中国文化大学）授课，又担任台北故宫博物院特聘研究员。1986 年告别教坛讲最后一课时 91 岁，总计在教育界长达四分之三个世纪。其后钱穆仍不时在家讲课，是实至名归的一代教育家、史学家、国学大师。

钱穆创办新亚书院头几年间，兼文史系系主任，其后对历史系的规划和发展，起了带领和促进作用。牟润孙继任文史系系主任之职（1954—1958）及担任历史系系主任（1958—1963）期间，又为新亚研究所硕士班培养了一批史学人才，包括余秉权、何佑森、孙国栋、章群、罗球庆、杨远、陈启云、苏庆彬、金中枢、曹仕邦、杨启樵、罗炳绵、刘家驹、逯耀东等，他们或留校工作，或在崇基学院、香港浸会学院任教，有些则赴外地，到中国台湾、日本、美国等地区和国家进修及任职。新亚书院加入香港中文大学后，历史系由孙国栋任系主任，学生人数较崇基史地系、联合历史系为多，毕业生的出路也较广了。

20世纪60年代起，陈荆和、王德昭、严耕望、全汉昇相继加入历史系，至20世纪70年代中他们退休为止，学术研究的风气是很盛的。出身新亚的学者，章群、刘家驹先后出任香港浸会学院历史系主任，为其后香港浸会大学的史学教研工作奠下根基，在系中任教的亦多新亚毕业生；章群转到香港大学中文系任教，苏庆彬留在香港中文大学历史系任教至退休，这说明了他们对本地史学界所作出的努力和贡献，是颇为重要的（见下表）。

新亚早期师生职历和著作一览

姓　名	在 港 职 历	主 要 著 作
牟润孙 （1909—1988）	• 新亚书院文史系/历史系系主任 • 新亚研究所导师 • 香港中文大学历史系讲座教授、文科研究院历史部主任导师	《注史斋丛稿》（增订本）二册 《海遗丛稿》初编、二编（原称《海遗杂著》）

续 表

姓 名	在港职历	主要著作
严耕望 (1916—1996)	• 任教新亚书院历史系、香港中文大学历史系 • 香港中文大学研究院导师 • 新亚研究所教务长、代所长	《中国地方行政制度史》 《唐仆尚丞郎表》 《唐史研究丛稿》 《唐代交通图考》 "治史三书"
全汉昇 (1912—2001)	• 任教新亚书院历史系、香港中文大学历史系 • 香港中文大学研究院导师 • 新亚研究所教务长、所长	《中国经济史论丛》二册 《中国经济史研究》三册 《明清经济史研究》
王德昭 (1914—1982)	• 任教新亚书院历史系、联合书院历史系 • 新亚研究所教务长 • 香港中文大学研究院导师、中国文化研究所副所长	《文艺复兴》三册 《国父革命思想研究》 《清代科举制度研究》 《从改革到革命》 《历史哲学与中西文化》
陈荆和 (1917—1995)	• 新亚研究所东南亚研究室主任 • 任教新亚书院历史系、香港中文大学历史系 • 香港中文大学研究院导师、日文系主任、中国文化研究所所长	《十六世纪之菲律宾华侨》(中、英文本) 《承天明乡社陈氏正谱》 《阮述〈往津日记〉》
孙国栋 (1922—2013)	• 新亚书院历史系系主任、文学院院长 • 香港中文大学历史系系主任、研究院导师 • 新亚研究所所长	《唐代中央重要文官迁转途径研究》 《唐宋史论丛》 《中国历史》

续表

姓　名	在港职历	主要著作
章群 (1925—2002)	• 香港浸会学院历史系系主任 • 香港大学中文系高级讲师	《中国文化史》 《唐史》 《唐代蕃将研究》
刘家驹 (1932—1987)	• 香港浸会学院历史系讲师、高级讲师及系主任	《历史与现实》 《菲律宾菲化运动之研究》 《刘健先生遗文辑录》
苏庆彬 (1932—2016)	• 任教新亚书院历史系、香港中文大学新亚书院历史系 • 香港中文大学新亚书院历史系主任	《两汉迄五代入居中国之蕃人氏族研究》 《七十杂忆——从香港沦陷到新亚书院的岁月》 《清史稿全史人名索引》上、下册

第十章
牟润孙：经学史和中国史学史

来港前的事迹

牟润孙是桂林街时代和农圃道时代新亚史学的领军人物，在教学方面常以臧否历史人物和评论史学著作的方式启导学生，他的著作以论文和注史为主，每每有精辟见解。杂著以弘扬师友学术见长，为近代中国史学下注脚，精深独到，发人深省。

牟润孙（1908—1988），原名传楷，字润孙，后以字行。祖籍山东省福山县，生于北京。小时于家塾读朱注《四书》及《诗》《书》《春秋》，中学曾在圣公会崇德中学、北京四中肄业。15岁时，读梁启超《国学入门书目及其读法》及《清代学术概论》，深受启迪；继而读梁启超《清代学者整理旧学之总成绩》及张之洞《书目答问》，按目求书，渐倾向于钻研经史。

中学毕业后,牟润孙先后在中法大学及俄文法政专门学校就读;1929年21岁时,考入燕京大学国学研究所,受陈垣和顾颉刚指导。23岁时从柯劭忞受经史之学,当时柯劭忞已82岁,在家讲学,两年后去世。1932年,牟润孙毕业于燕京大学国学研究所,毕业论文为《历代蕃姓考》,其后在中学教国文约四年。继而在河南大学、辅仁大学任教,1948年任上海同济大学文史系教授、上海暨南大学历史系教授[1]。

1949年,牟润孙41岁,自上海往舟山,途中为盗所劫,财物尽失,得台湾大学校长傅斯年援手及介绍,任台湾教育厅编审委员会委员。次年开始,任教于台湾大学。1952年4月16日,往淡江英语专科学校听钱穆演讲,钱穆讲毕后,为提问作综合解答,讲台上的灰檐突然下坠,白灰飞扬,钱穆头破血流,急送附近中心诊所救治。连续多日,牟润孙均往中心诊所探视,至4月28日,钱穆已可起坐,头上纱布已去,创痕赫然。

---

[1] 李学铭《牟润孙先生的师承与治史之道》,载香港中文大学历史系编《贯古通今·融东会西——扎根史学五十年》[香港:三联书店(香港)有限公司,2016年],第40—43页。

任教新亚十二年

1954年，牟润孙46岁时，接受钱穆之邀，来港担任新亚书院文史系主任、新亚研究所导师兼图书馆馆长。室名注史斋，这是其论文集《注史斋丛稿》（香港：新亚研究所，1959年）书名之由来。

1956年，新亚书院文史系重组，分为中文系及历史系，牟润孙仍兼两系系主任，至1958年专任历史系主任。1959年，统筹崇基、新亚、联合三院历史系统一文凭及考试事宜；1963年香港中文大学成立，任历史系讲座教授。1965年1月至2月，应邀赴美国讲学；3月5日，在香港大会堂发表讲座教授就职演讲，《论魏晋以来之崇尚谈辩及其影响》是当日就职讲词，由香港中文大学出版。开宗明义，牟氏指出谈辩之风虽盛于魏晋，而溯其渊源盖肇自经学烦芜，研讨所及不复限于魏晋以后，更不能舍经学演变过程不言。

牟润孙此论，首述经学风气转变之开始，继叙东汉经师之博学、王肃与王弼，认为谈辩之风盖起于东汉之末，而守家法讲章句之经学，由此遂衰。谈辩影响及于经学者，首为讲经一事；影响及于史学者，则为考据。史学之考证，似当自谯周始；司马彪后，为考史者有孙盛，孙盛著有《魏氏春秋》，别著《魏氏春秋异同》，盖以考史料异同，如司马光《通鉴》之有《考异》也。

此外，又言谈辩之影响政治制度，包括官制及考试制度。至于谈辩名理之学何以至唐而衰歇，章太炎未及言，刘申叔语焉而不详，牟润孙别有文论唐初南北文化之争，加而讨论，为之说明①。

1966年，香港中文大学研究院成立，牟润孙兼任历史学部导师。1968年，应聘为美国俄亥俄州立大学客座教授。1973年65岁，从香港中文大学历史系退休，转任中国文化研究所研究员。此后常以海遗等多个笔名，在香港报刊上发表文章。1988年11月在九龙法国医院逝世，享年80岁。家人遵照他的遗愿，把骨灰送到北京八宝山安放。

主要的学术论著

牟润孙著《注史斋丛稿》1959年初版，列为《新亚研究

---

① 牟润孙《论魏晋以来之崇尚谈辩及其影响——三月五日香港中文大学学术演讲摘要》，载《新亚生活双周刊》第七卷第十七期（1965年3月26日），收入黄浩潮主编《珍重·传承·开创：〈新亚生活〉论学文选》上卷，第165—168页。

所专刊》之一，共收论文14篇：① 《春秋时代母系遗俗〈公羊〉证义》；② 《宋人内婚》；③ 《汉初公主及外戚在帝室中之地位试释》；④ 《崔浩及其政敌》；⑤ 《宋代之摩尼教》；⑥ 《崇祯帝之撤像及其信仰》；⑦ 《〈春秋左传〉辨疑》；⑧ 《两宋〈春秋〉学之主流》；⑨ 《顾宁人学术之渊源》；⑩ 《敦煌唐写姓氏录残卷考证》；⑪ 《〈折可存墓志铭〉考证兼论宋江之结局》；⑫ 《释〈论语〉狂简义》；⑬ 《记〈魏书·地形志〉考异》；⑭ 《记〈新民公案〉》。

二十多年后，新编《注史斋丛稿》（北京：中华书局，1987年）分为两部分：前半部是新亚研究所初版《注史斋丛稿》所收的14篇论文，后半部为新增的12篇论文，是他50岁后的著述，包括：① 《论儒释两家之讲经与义疏》；② 《论魏晋以来之崇尚谈辩及其影响》；③ 《从唐代初期的政治制度论中国文人政治之形成》；④ 《唐初南北学人论学之异趣及其影响》；⑤ 《明末西洋大炮由明入后金考略》；⑥ 《论乾隆时期的贪污》；⑦ 《论清王朝富盛时期的内蓄》；⑧ 《蒋良骐的〈东华录〉与〈清实录〉》；⑨ 《钱大昕著述中论政微言》；⑩ 《略说批本〈随园诗话〉》；⑪ 《从〈通鉴胡注表微〉论陈援庵先师的史学》；⑫ 《蓼园问学记》。

除上述诸篇外，牟润孙亲自选定 70 篇文章，长短不一，结为一集，初名《海遗丛稿》，其后改题《海遗杂著》(香港：中文大学出版社，1990 年)，2009 年版复名《海遗丛稿》。至于《注史斋丛稿》亦有 2009 年增订版，删去 1987 年版中的 5 篇，另加 27 篇，共收文章 58 篇 (见表 10-1)。

表 10-1 《注史斋丛稿》各版本内容的比较

文章题目	1959 年版（新亚研究所）	1987 年版（中华书局）	2009 年版（中华书局）	分类
春秋时代母系遗俗《公羊》证义	√	√	√	经学
宋人内婚	√	√	√	
《春秋左传》辨疑	√	√	√	
两宋《春秋》学之主流	√	√	√	
论儒释两家之讲经与义疏		√	√	
论魏晋以来之崇尚谈辩及其影响		√	√	
释《论语》狂简义	√	√	√	
"民可使由之，不可使知之"释义——孔子理想中的德化政治			√	

续　表

文　章　题　目	1959年版（新亚研究所）	1987年版（中华书局）	2009年版（中华书局）	分类
说"格物致知"			√	经学
中国早期文字与古史研究			√	史学
屈原的左徒官职与奴隶			√	
屈原与荀况			√	
汉初公主及外戚在帝室中之地位试释	√	√	√	
吕雉夺权与母系遗俗			√	
论西汉武帝在政治上的儒法兼采			√	
霍光非儒家论			√	
论刘秀的阳儒阴法			√	
王充的反传统及其影响			√	
论《汉书·五行志》			√	
从班固《汉书》到荀悦《汉纪》			√	
从东汉察举制度谈起			√	

续　表

文章题目	1959年版（新亚研究所）	1987年版（中华书局）	2009年版（中华书局）	分类
说选才议政——从汉唐政治制度想到的古为今用			√	史学
说曹操的法治			√	
崔浩及其政敌	√	√	√	
论西晋王朝的崩溃			√	
敦煌唐写姓氏录残卷考证	√	√	√	
唐初南北学人论学之异趣及其影响（附录：唐太宗废立太子与南北文化之关系）		√	√	
从唐代初期的政治制度论中国文人政治之形成		√	√	
《折可存墓志铭》考证兼论宋江之结局	√	√	√	
明末西洋大炮由明入后金考略（附录：徐文定公与朴学）		√	√	清史

续　表

文章题目	1959年版（新亚研究所）	1987年版（中华书局）	2009年版（中华书局）	分类
论乾隆时期的贪污		√	√	清史
福康安是清高宗私生子之谜			√	
论清高宗之重用傅恒与福康安			√	
鸦片战争初期中国史料录要——林则徐与清宣宗旻宁关系的演变			√	
从琦善割让香港说到清朝重用满人			√	
论清王朝富盛时期的内帑——修圆明园的费用与清皇室的财富		√	√	
论陈宝箴父子抨击李鸿章——甲午战争与修建颐和园			√	
蒋良骐的《东华录》与《清实录》		√	√	
《聊斋志异》对官僚的攻击与讽刺			√	

续　表

文 章 题 目	1959年版（新亚研究所）	1987年版（中华书局）	2009年版（中华书局）	分类
《聊斋志异》所记清兵在山东的屠杀			√	清史
京剧的盛行与满清政权的崩溃			√	
王夫之顾炎武解《易》之说举隅——经学史是史学的辅助科学例证			√	
论王夫之的反法			√	
顾宁人学术之渊源——考据学之兴起及其方法之由来	√	√	√	清代学术
论顾亭林学术与儒学之真精神			√	
论朱熹顾炎武的注解《诗经》			√	
论清议与以名为治——从《日知录》中认识到古为今用			√	
反理学的惠栋			√	

续 表

文　章　题　目	1959年版（新亚研究所）	1987年版（中华书局）	2009年版（中华书局）	分类
胤禛与戴震			√	清代学术
论弘历的理学统治与钱大昕			√	
钱大昕著述中论政微言		√	√	
龚定庵与陈兰甫——晚清思想转变之关键			√	
清代考据学的来源			√	
论清代史学衰落的原因			√	
从中国的经学看史学			√	
宋代之摩尼教	√	√	√	宗教
崇祯帝之撤像及其信仰	√	√	√	
中国历史地理·秦汉篇			√	专书
记《魏书·地形志》校异	√	√		附录
记《新民公案》	√	√		
略说批本《随园诗话》		√		

续表

文章题目	1959年版（新亚研究所）	1987年版（中华书局）	2009年版（中华书局）	分类
从《通鉴胡注表微》论陈援庵先师的史学		√		附录
蓼园问学记		√		

牟润孙尝对门生说，他的老师陈垣把学术由南方带到北方，而他则把陈垣等人在北方的学术带回南方，尤为睿语。"南学北移，北学南传"，谓为一代师生的史学传承，亦云得宜。

陈垣（1880—1971），字援庵，广东新会人。曾任教于北京大学、北平师范大学、辅仁大学，1926年至1952年任辅仁大学校长，1952年至1971年任北京师范大学校长。他在考据学、元史、中外关系和史论方面都有卓越成就，著有《元也里可温教考》《元西域人华化考》等，抗日战争期间完成《通鉴胡注表微》，体现了强烈的历史感和时代感。

牟润孙的另一位老师柯劭忞（1850—1933），字凤荪，号蓼园，山东胶州人。清光绪进士，授翰林院编修。曾任京师大学堂经科监督，民国初年任清史馆总纂兼代馆长。他致力于元史研究，撰《新元史》257卷。

从中国经学看史学

2009年版《注史斋丛稿》所收文章，上册分为经学、史学两类；下册分为清史、清代学术、宗教三类，并收专书一种，即《中国历史地理·秦汉篇》，及附录五篇。牟润孙的经史之学，在1959年的版本中已见其规模；其后增订，则多讨论清代历史和学术。

1971年12月10日，牟润孙为新亚书院历史系会举办的学术周作专题演讲，从中国的经学看史学，由关彩华笔录。牟润孙颇重视此文，改动和润饰之处甚多，内容颇能反映其见解。

演讲首先指出，"治经学不等于读经书"，"经学从史学退出，应当从我国兴办洋式学校说起"。他说："经学皆史学也。"又说："古人皆附经以言事。"古人的经学同史学是分不开的，现代人讲经学则无关于史学；由于研究经书，而使得古器物学、古文字学、古声韵学等成为专门之学，经书转而成为治这些学问的材料，怎能说这些学问就是经学？

真正借着注解经书讲当时的历史，牟润孙认为是由宋朝开始的。"到了宋代，经史才以另一形式又合一起来。所谓经史合一的史学是明古论今的史学。"宋人讲经的目的，多数在于致用。牟润孙写过《两宋春秋学之主流》，讲两部书：其一是北宋孙复作《春秋尊王发微》，发挥尊王的道理；另一是南宋胡安国《春秋胡传》，宋室南渡后最要紧的是攘夷复仇，此种民族思想一直贯彻下来。牟润孙的老师柯劭忞，是借着注经讲当代之史的最后一个人。演讲作结时，牟润孙强调：

> 中国传统的经学史学绝不能脱离时代，若脱离时代即不成其为经学史学，也不能达到明古用今的目的，而走上了琐碎考据的路，丧失了传统中国学问的精神。在中国史学史来看，由清代至现在是史学衰落时期，由现在起必定是史学复兴时期。我个人以为应当追问如何衰落的，而从此找寻复兴之路。今天提出我个人对于传统经学史学的看法，其目的即在于寻求复兴之路。①

---

① 牟润孙《从中国的经学看史学》，载《新亚书院历史学系系刊》第二期（1972年），第1—5页；此文亦收入《注史斋丛稿增订本》下册（北京：中华书局，2009年），第684—691页。

对于经学，钱穆有相类的看法。他说："一般人以为'经'就是《诗》《书》《易》《礼》《春秋》几本旧书，为这几本旧书作注疏就是'经学'。于是经学成为书斋里的静态学问，殊不知经学是一种指导社会思想、领导政府订立制度、涤除政治的污垢，以推动社会进步的一种动的学问。"①据说钱穆邀请牟润孙从台湾大学来新亚书院任教，就是欣赏牟氏所撰写的以史治经，以经证史的论文②。

治史主张和方法

牟润孙的治史主张有三要点：一是经史互通，二是通史致用，三是史不废文。他强调治史之人须通经学，不通经学有时就不能解决史学上的一些问题。他老师陈垣的"华化考"以至"寻史源""表微学"，等等，都是现身说法，提供实例，向学生和后学传达经史互通的信息。

---

① 孙国栋《师门杂忆：忆钱穆先生》，载《诚明古道照颜色——新亚书院55周年纪念文集》，第74—75页。
② 李学铭《现代国学界的通儒钱宾四先生》，载香港中文大学历史系编《贯古通今·融东会西——扎根史学五十年》，第29—30页。

牟润孙指出，在中国史学的传统里，一切治国理民之道都在史书，所以司马迁著《史记》，就是要"通古今之变"。牟氏晚年在报刊上发表的文章，谈时事，评政局，论人物，不时援以史书、史事，就是因为他没有忘记自己作为史学家的责任。

牟润孙经常向学生强调，治史者，第一是文章，第二是文章，第三还是文章。历史研究者要文史兼通，要能读懂文章，懂得文章的文字语句和字里行间的言外之意，还要懂得写文章。他在提倡文史兼通的同时，常教导学生要尽力写简净清晰、理达事畅的学人之文[①]。

至于牟润孙所倡的治史方法，要点亦有三：第一，是目录应用；第二，是史源考寻；第三，是体例归纳。他懂得治学，是由目录入手，视目录学为治史钥匙。作史源考寻，就是追查史料的来源，要看其根据是否正确，引证是否充分，叙述有无错误，判断是否得当。牟润孙也很重视著述的体例，把体例归纳出来，形成系统，最后写成出色的作品[②]。

[①] 李学铭《牟润孙先生的师承与治史之道》，载香港中文大学历史系编《贯古通今·融东会西——扎根史学五十年》，第44—46页。

[②] 同上书，第47—49页。

陈万雄说，据他理解，"第一是文章"者，治史首先要"识字"，要仔细明白每个字的意思，不能含糊；"第二是文章"者，要懂得读文章，懂得字里行间的意蕴；"第三是文章"者，治史必须能写一手好文章。对治史这种说法，牟润孙不作解释，时常语气铿锵而有节奏地说出来，是有深意存在的，着意要学生自己去理解，绝不是随意说的。这种"点到即止"的讲授形式，是引导学生自己做学问的途径。在他的《海遗杂著》中，有讨论他自己治学经历的文章，也有几篇关于陈寅恪、陈垣学行的文章，可作为治史者的参考①。

一生著述两《丛稿》

《海遗杂著》（1990年）所收文章，是牟润孙生前选定的；其后复用初定的书名，于2009年出版《海遗丛稿》，尽量辑入牟氏的文章，分为"红学杂俎""谈文说史""海遗札记""海遗读书记""序跋""学林话旧""北

---

① 陈万雄《由一封信说起——追忆牟师润孙先生》，载《诚明古道照颜色——新亚书院55周年纪念文集》，第204—205页。

京忆往""自述"和"附录"(见表 10-2)。

表 10-2 《海遗杂著》和《海遗丛稿》内容的比较

分类辑目	文 章 题 目	《海遗杂著》(1990年版)	《海遗丛稿》(2009年版)
红学杂俎	论曹雪芹撰《红楼梦》的构想	√	√
	曹雪芹描写大观园的取材	√	√
	从《红楼梦》的抄家谈起	√	√
	释《红楼梦》中的"皇商"	√	√
	从《红楼梦》研究说到曹雪芹的反理学思想	√	√
	论曹雪芹反对清王朝的理学统治	√	√
	论康熙、乾隆时期的"南巡"	√	√
	林四娘故事征实	√	√
谈文说史	宋代富贵人家的食品	√	√
	宋江的结局		√
	香妃故事之谜		√
	从杨昌浚说到段芝贵——再论监察纠举制度		√
	论《李慧娘》剧本中之鬼神思想	√	√

续　表

分类辑目	文　章　题　目	《海遗杂著》（1990年版）	《海遗丛稿》（2009年版）
谈文说史	包拯在京戏中的形象		√
	"杨家将"的历史意义	√	√
	《五人义》与《五人墓碑记》	√	√
	王梦湘	√	√
	林则徐·左宗棠·新疆	√	√
	林公井	√	√
	清代的北京地震		√
	中国现代青年转变之由来		√
海遗札记	毒药苦口《注史斋札记》之一	√	√
	释睇	√	√
	释姑	√	√
	"搂"与"捞"	√	√
	释抗与扛	√	√
	释遮	√	√
	释有	√	√
	别字	√	√

续 表

分类辑目	文 章 题 目	《海遗杂著》（1990年版）	《海遗丛稿》（2009年版）
海遗札记	从万俟离说起		√
	闻与听——方言中的通感	√	√
	谈妇好	√	√
	谈秦俑	√	√
	从鸮尊、象尊说起	√	√
	武威汉墓与铜奔马	√	√
	金缕玉衣与尸体保存		√
	考古与盗墓	√	√
	那堪回首话园林	√	√
海遗读书记	论治目录之学与书籍供应——从梁任公《国学入门书要目》说起		√
	《永乐大典》本《水经注》		√
	《元和姓纂》十卷		√
	《名公书判清明集》		√
	记《新民公案》		√
	略说批本《随园诗话》		√

续 表

分类辑目	文 章 题 目	《海遗杂著》（1990年版）	《海遗丛稿》（2009年版）
海遗读书记	记《魏书地形志校异》		√
	柯凤荪先生遗著三种		√
	李晋华《明史纂修考》		√
	吕思勉著《白话本国史》订讹		√
	读史偶钞		√
	跋《方豪六十自定稿》		√
	钱宾四先生《学籥》		√
	《北平图书馆善本书目乙编》跋		√
	《四库全书》的缺点	√	√
	说二十四史	√	√
序跋	《吴宓诗集（附空轩诗话）》序		√
	《中国史籍类选》序		√
	《李纲年谱长编》序		√
	《两汉迄五代入居中国之蕃人氏族研究》序		√
	《明遗民传记索引》序		√

续 表

分类辑目	文　章　题　目	《海遗杂著》(1990年版)	《海遗丛稿》(2009年版)
序跋	董彦堂先生与甲骨文——《甲骨文诗画集》跋		√
学林话旧	从癸丑修禊说到纪念梁启超——王羲之、梁启超修禊时的心情	√	√
	林纾逝世六十周年	√	√
	题"蓬山话旧图"	√	√
	北京学林话旧——跋钱玄同给魏建功的两封信	√	√
	谈故宫盗宝案	√	√
	说胡适的提倡语体文——跋《胡适之寿酒米粮库》	√	√
	我对胡适的新认识	√	√
	蓼园问学记—— 附录一：名学人的联语 附录二：孔德成的亲戚		√
	敬悼先师陈援庵先生		√
	励耘书屋问学回忆——陈援庵先师诞生百周年纪念感言	√	√
	从《通鉴胡注表微》论陈援庵先师的史学		√

续 表

分类辑目	文章题目	《海遗杂著》（1990年版）	《海遗丛稿》（2009年版）
学林话旧	陈援庵先生的目录学——《中国佛教史籍概论》读后	√	√
	发展学术与延揽人才——陈援庵先生的学人丰度	√	√
	敬悼陈寅恪先生 附录：和陶然亭壁间清光绪时女子所题咏丁香绝句、蒙自南湖作		√
	读《陈寅恪先生论集》	√	√
	论中外思想融合的途径——寒柳堂励耘书屋论学互证		√
	读《寒柳堂记梦未定稿》札记——论光绪十年后清王朝政治的腐化		√
	陈寅恪与钱锺书——从杨太真入宫时是否处女说起	√	√
	书艺的气韵与书家的品格——题《静农书艺集》	√	√
	启元白教授在香港首次公开讲演		√
	郭绍虞和顾颉刚		√
	谭其骧与杨宽		√
	方东美二三事		√

续 表

分类辑目	文　章　题　目	《海遗杂著》（1990年版）	《海遗丛稿》（2009年版）
学林话旧	谨慎的学人		√
	悼念殷海光		√
	傅孟真先生逝世二十周年感言		√
	乔大壮之死		√
	悼念向达		√
	悼亡友王德昭		√
	悼念吴晗		√
	悼念唐兰		√
	悼念沈尹默先生		√
	吊李济		√
	悼亡友方杰人——陈援庵先生与方豪		√
	敬悼顾颉刚先生——兼谈顾先生的疑古辨伪与提携后进		√
	学兼汉宋的余季豫先生	√	√
	方杰人司铎六十寿序		√
	徐森玉先生九十寿序——附录：石鼓复原		√

续　表

分类辑目	文　章　题　目	《海遗杂著》（1990年版）	《海遗丛稿》（2009年版）
学林话旧	张丕介博士墓表		√
	清华国学研究院	√	√
	北京大学研究所国学门	√	√
北京忆往	满汉全席		√
	广和居与万福居		√
	茶泡饭与芝麻酱面		√
	酸白菜	√	√
	谈致美斋		√
	烤肉		√
	北京的饽饽	√	√
	几礼居制戏目笺题记	√	√
	一批被遗忘的珍贵中国戏曲史料——《几礼居藏戏曲文献目录》读后记	√	√
自述	六十五岁自咏		√
	买书漫谈	√	√
	谈谈我的治学经历	√	√

续表

分类辑目	文 章 题 目	《海遗杂著》（1990年版）	《海遗丛稿》（2009年版）
自述	论为学之取法与守约		√
附录	《海遗杂著》目录（香港中文大学1990年版）		√
	乌台正学兼有的牟润孙教授（李学铭）		√
	心送千里——忆牟润孙师（逯耀东）		√
	由一封信说起——追忆牟师润孙先生（陈万雄）		√
1990年文章	论西汉武帝在政治上的儒法兼采	√	
	论西晋王朝的崩溃	√	
	论清王朝富盛时期的内帑——修圆明园的费用与清皇室的财富	√	
	鸦片战争初期中国史料录要——林则徐与清宣宗旻宁关系的演变	√	
	从琦善割让香港说到清朝重用满人	√	
	京剧的盛行与满清政权的崩溃	√	
	福康安是清高宗私生子之谜	√	
	论清高宗之重用傅恒与福康安	√	

续 表

分类辑目	文 章 题 目	《海遗杂著》(1990年版)	《海遗丛稿》(2009年版)
1990年文章	论清代史学衰落的原因	√	
	中国早期文字与古史研究	√	
	反理学的惠栋	√	
	论弘历的理学统治与钱大昕	√	
	论《汉书·五行志》	√	
	民族·姓氏·团结	√	
	"民可使由之,不可使知之"释义——孔子理想中的德化政治	√	
	说"格物致知"	√	
	《聊斋志异》对官僚的攻击与讽刺	√	
	牟润孙教授编年事略(李学铭)	√	
	后记(李学铭、佘汝丰)	√	

显而易见,《注史斋丛稿》所收的是重要的论文,《海遗丛稿》以"杂著"居多,但也不乏精辟的文章。例如"红学杂俎"之中,有一篇《从〈红楼梦〉研究说到曹雪芹的反理学思想》,就有很高的启发性。其他几篇文章厘清了《红

楼梦》之中一些与历史相关的问题，反映出他是有切实见解和深刻体会的。牟润孙对多位历史学家生平和著作的评述，是研究近代中国史学史的上乘材料。由于辑录的文章有所增删，《海遗杂著》和《海遗丛稿》最好能够合并阅读。

致力培养史学人才

牟润孙对新亚书院和新亚研究所作出的贡献，是非常重大的。举例来说，1957年至1965年间，新亚研究所九届毕业生共有56人，史组占了43人，而由牟润孙指导撰写硕士论文的，就有33人。论文研究的范围，由战国时代、两汉三国以至宋、元、明、清都有①。

据苏庆彬所述，牟润孙担任文史系主任时，讲述"秦汉史""魏晋南北朝史"和"古籍导读"等课程。第一堂是"秦汉史"，他一走进课室，把抱着的一大堆线装书放下，站在讲台上，开始便说："我们研究历史，必须读原始材

---

① 李学铭《牟润孙先生与新亚》，载《诚明古道照颜色——新亚书院55周年纪念文集》，第199—200页。

料，要看第一手资料……"于是把所讲授的课题写在黑板上，更抄下一大段材料，注明出处。他要学生做的功课，是"资治通鉴寻源"，认为这是训练学生的一种最佳方法，读原始资料和知道材料出处，是研读历史入门的首要工夫。

苏庆彬在文史系毕业时，牟润孙对他说："你应该继续读书深造，可在研究所做研究工作。"后来他考入研究所，修读硕士课程，第一学期所里列出一系列的典籍，要研究生仔细阅读；到了第二学期，才选定研究题目。牟润孙指导研究生选择论文题目，应选择小题目，训练做些考史的入门工夫，不要选择一些空洞的大题目。他认为治史，在考据、义理必须兼顾之外，词章亦不可忽略，三者不缺，才能达到至高的境界①。

当时钱穆讲学，由于他早已做过精密的考证工作，所以罕谈考证，在课堂上多发挥议论，进入史学的另一阶段，进行更深层的探讨。钱穆和牟润孙两人，正好为学生展示了史学研究进程的两个阶段。

丘为君、郑欣挺、黄馥蓉编《牟润孙先生学术年谱》（台

---

① 苏庆彬著《七十杂忆——从香港沦陷到新亚书院的岁月》，第329—332页。

北：唐山出版社，2015年），以李学铭整理的《牟润孙教授编年事略》为基础扩大而成，附录"牟润孙著作分类索引""牟润孙指导新亚研究所硕士生与论文一览""牟润孙的清代思想史研究与意义"，方便参考。

第十一章
严耕望：中国政制史与历史地理

生平事略和主要著述

严耕望以研究中国政治制度史和历史地理著称，长于考证，以归纳法排比史料，列述详析。他的《治史经验谈》《治史答问》和《钱穆宾四先生与我》，合称"治史三书"，为史学界所推许，流传甚广。可见他毕生研究与教学并重，是一代良师。"工作随时努力，生活随遇而安"是严耕望的座右铭。

严耕望（1916—1996），字归田，安徽桐城人。读中学时，已对史学产生浓厚兴趣。1941年夏，毕业于武汉大学历史系；在齐鲁大学国学研究所从事研究两年，受业于钱穆、顾颉刚门下。1945年入"中央研究院"历史语言研究所，随

"中研院"复员南京,后迁台北,职位升至研究员①。

1964年,严耕望应聘来港,任香港中文大学新亚书院高级讲师及新亚研究所导师,至1978年退休。其间,于1970年当选为台北"中研院"院士。退休后任香港中文大学中国文化研究所研究员至1981年。1978年,曾任新亚研究所代所长;1975年至1979年,及1983年至1996年,两度担任新亚研究所教务长,继续指导研究生②。他指导的硕士、博士毕业生,多达40人。

严耕望的著作,大多由"中央研究院"历史语言研究所以专刊形式出版。早年有《两汉太守刺史表》(1938年,上海),其后有《唐仆尚丞郎表》(1956年,台北);《中国地方行政制度史》是巨著,包括《秦汉地方行政制度》(1961年)和《魏晋南北朝地方行政制度》(1963年);此外,晚年著有《唐代交通图考》五册(1985年)。新亚研究所毕业生李金强说:"耕望师之史学,奠基于史料,故其研究创获之光辉皆由史料而得。曾丁课堂上自谓

---

① 廖伯源《严耕望先生传略》,载《充实而有光辉——严耕望先生纪念集》(台北:稻禾出版社,1997年),第199—235页。
② 官德祥《我印象中的严耕望教授》,载鲍绍霖、黄兆强、区志坚主编《北学南移——港台文史哲溯源·学人卷II》,第71—83页。

其历年研究唐代交通路线后，最终发现了唐代的国界，此为其于唐史研究之发明。"①从唐代交通探讨人文地理，是他治史的另一方向。

研究领域和重大贡献

概括地说，严耕望的中国政治制度史研究，主要由秦汉至隋唐，对中央政制和地方政制，都有重要成绩。历史地理研究方面，《唐代交通图考》计划中有十册，只出版了前五册，第六册大致完成，但尚未结集，后由门人李启文整理成书。其余四册并未撰写，或仅一两篇而已。较集中反映严耕望史学的论文集有两种：

其一，是《唐史研究丛稿》（香港：新亚研究所，1969年），收论文十篇：①《论唐代尚书省之职权与地位》；②《唐代府州僚佐考》；③《唐代方镇使府僚佐考》；④《括地志序略都督府管州考》；⑤《唐两京馆驿考》；⑥《唐子午道考》；⑦《唐代成都清溪南诏道驿程考》；

---

① 李金强《新亚师友杂忆》，《新亚论丛》第二十期（台北：万卷楼图书股份有限公司，2019年），第490页。

⑧《唐人习业山林寺院之风尚》；⑨《新罗留唐学生与僧徒》；⑩《旧唐书本纪拾误》。

其二，是《严耕望史学论文选集》（台北：联经出版事业公司，1991年），收论文二十余篇，包括《夏代都居与二里头文化》《战国时代列国民风与生计——兼论秦统一天下之背景》《扬雄所记先秦方言地理区》《战国学术地理与人才分布》《佛藏所记之稽胡地理分布区》《佛藏所记之大地球形说》等，以及《中国中古史入门书目》。

在港期间著述不辍

严耕望撰述之勤、著作之多，从他在香港各大学报以至学生刊物上发表的文章数量，不但可见一斑，他对本地学界的参与，亦可从中得到充分的说明。据不完全统计，他在《香港中文大学中国文化研究所学报》发表了17篇论文，在《新亚学报》有16篇，《新亚书院学术年刊》有4篇，《中国学人》和《东方学报》各1篇，《新亚生活双周刊》和《新亚月刊》共11篇，《香港浸会学院历史系会会刊》也有1篇，总计超过50篇。

严耕望治史，一向规模宏大，《唐代交通图考》十册完成过半，实已难能可贵。此外，他为了撰写《唐代人文地理》一书，搜集了大量相关资料，包括国疆、军镇、人口、都市、物产、民族、宗教、民风等，分类编列而成资料库，仿顾炎武《天下郡国利病书》，为后来的研究者提供方便。又拟再由《唐代人文地理》扩大为《国史人文地理》，已撰成下列论文12篇：①《战国学术地理与人才分布》，《新亚书院学术年刊》第十八期（1976年）；②《唐五代时期之成都》，《香港中文大学中国文化研究所学报》第十二卷（1981年）；③《唐代成都寺观考略》，《大陆杂志》第六十三卷第三期（1981年）；④《战国时代列国民风与生计：兼论秦统一天下之背景》，《食货月刊》第十四卷第九、十期（1985年）；⑤《唐代户口实际数量之检讨》，《国学文献馆馆讯》第九号（1985年）；⑥《齐长城地理考略》，《董作宾先生九五诞辰纪念集》（1988年）；⑦《唐代北疆直接领辖之境界》，《第一届国际唐代学术会议论文集》（1989年）；⑧《中国史上经济文化之地理的发展》，《浸会学院历史系会刊》第五期（1989年）；⑨《南北朝三都人口数量之估测》，《新史学》创刊号（1990年）；⑩《南北朝时代五台山之佛教》，《国故新知：中国传统文化的再诠释——汤用彤先生诞辰百周年纪念论文集》（1993年）；⑪《唐代长安人口数量之估测》，《第二届唐代文化研讨会论文集》（1995年）；⑫《元和志户籍与实际户数之比勘》，《"中央研究院"历史语言研究所集刊》第六十七本第一分（1996年）①。

论者指出，中国历代正史对于政治制度的记载，都详于中央政府而忽略地方，研究者也有类似的缺点，严耕望是第一位系统研究中国地方行政制度的学者②。在他的影响下，港台学者对此有较多的注意。

严耕望"治史三书"

严耕望于1981年出版《治史经验谈》，1985年出版《治史答问》，1992年出版《钱穆宾四先生与我》，均由台湾商务印书馆出版。这三本大师小著，合称严耕望"治史三书"③。自出

---

① 参阅李启文补订《严耕望先生著作目录》，载《充实而有光辉——严耕望先生纪念集》，第951—272页。并参廖伯源《严耕望先生之学术成就》，载香港中文大学历史系系编《贯古通今·融东会西——扎根史学五十年》，第78—83页。

② 陈其泰主编《20世纪中国历史考证学研究》（北京：北京师范大学出版社，2004年），第373页。

③ 严耕望此三书，简体版有合印为一册的，称为《治史三书》（上海：上海人民出版社，2016年）；也有称为《严耕望的治史三书》的，分别有台湾商务印书馆和辽宁教育出版社的繁简体字版。

版以来，即成为历史专业本科生和研究所学生的参考书，对年轻一代学人颇有影响。严耕望推崇的"前辈史学四大家"，是吕思勉、陈垣、陈寅恪、钱穆，在这几本著作中，都有精辟的述评。20世纪中国新史学的殿军，严耕望肯定是其中一人。

《治史经验谈》共有九篇：① 《原则性的基本方法》；② 《几条具体规律》；③ 《论题选择》；④ 《论著标准》；⑤ 《论文体式》；⑥ 《引用材料与注释方式》；⑦ 《论文撰写与改订》；⑧ 《努力途径与工作要诀》；⑨ 《生活、修养与治学之关系》。严耕望说，综合这九篇文字，扼要言之，不外下列几点：

原则上——从大处着眼，从小处入手，以具体问题为先着，从基本处下功夫；固守一定原则，不依傍，不斥拒，能容众说，随宜适应，只求实际合理，不拘成规。

方法是——坚定意志，集中心力，以拙为巧，以慢为快，聚小为大，以深锲精细为基础，而致意于组织系统化。

目标在——真实，充实，平实，密实，无空言，少遑论，但期人人可以信赖，有一砖一瓦之用；若云文采，非所敢望，辉光则心向往之而已。他还强调要锻炼自己成为一个健康纯净的"学术人",此实为学术成就的最基本条件①。谓为夫子自道,亦曰得宜。

《治史答问》可视为《治史经验谈》的续编,内容共有21则,首先说明他研究历史的兴趣是怎样引发的,他在学生时代的课外阅读,他对政治制度史和历史地理的兴趣是怎样引发的;接着阐述他的研究重心何以放在唐代,和他对于上古史考古学的兴趣,等等。

书中有一篇《史学二陈》,对陈寅恪和陈垣的学术成就加以评论;《通贯的断代史家——吕思勉》,指出吕氏的国学基础极深厚,他的史学是建筑在国学基础上的,然而他的治史意趣并不保守②。

《钱穆宾四先生与我》分为上、下两篇。上篇《钱穆宾四先生行谊述略》,以钱穆的《八十忆双亲》与《师友杂忆》为素材,加以增补,参以他对钱穆治学之认识,贯串述之,以见钱穆治学意趣与人生境界。下篇《从师问学六十年》,首述小学、中学时代两位老师,主要内容则在钱穆一

---

① 《序言》,载严耕望著《治史经验谈》(台北:台湾商务印书馆,1980年),第1—5页。
② 严耕望著《治史答问》(台北:台湾商务印书馆,1985年),第80—98页。

人,是他治史经验极重要的一环①。此书既是钱穆传叙,亦是严耕望的治学回忆录。

一代学者的风范

严耕望是一位纯粹的学者,从事教学和学术研究,终生不渝,一以贯之。他的言行和著作,有与现在的观念十分贴合的一面;而在个人思想价值上,是个外圆内方的人物。晚年出版的"治史三书",是了解严耕望学术以至研究近代学术思想史的重要文献②。

新亚研究所博士毕业生郑永常到台湾成功大学历史系任教,严耕望对他说:"教学生活,头一两年势必以全副精神应付教学课程……稍后便可以部分时间补充教材,大部分时间做自己研究工作,而研究工作自亦有助于课堂讲授。"③这是教学与研究的互动关系,是严耕望的经验之谈。

---

① 《序言》,载严耕望著《钱穆宾四先生与我》(台北:台湾商务印书馆,1992年),第1—3页。
② 陈万雄《粹然一代学者的风范——敬悼严耕望师》,陈万雄著、东莞市政协编《陈万雄集》(广州:广东人民出版社,2015年),第372—375页。
③ 郑永常《我的两位老师全汉昇教授和严耕望教授》,《新亚论丛》第二十期,第530—531页。

林磊撰《严耕望先生编年事辑》的代序,认为,"几乎可以认为严氏心中的吕思勉实在也就是他自己的投影和化身","至于严氏中岁以后取西方现代社会科学之新观点,以人文地理之视角对中国历史作多方位、立体式的全面观照,则其境界与成效又较新史学四老更上一层"①。以此之故,誉为新史学殿军。

在香港中文大学历史系中国历史研究中心、新亚研究所编的《中国古代政治制度与历史地理——严耕望先生百龄纪念论文集》(济南:齐鲁书社,2019年)中,有一辑《严耕望先生之学术成就与治史精神》,收录了邹逸麟、李学铭、李金强、陈尚君、苏庆彬撰写的五篇文章,可供进一步参考。

---

① 林磊《严耕望的学术精神和史学取向》(代序),载林磊著《严耕望先生编年事辑》(北京:中华书局,2014年),第8—10页。

第十二章
全汉昇：中国经济史及近代社会经济

生平事略和主要著述

全汉昇的教研工作，集中于中国社会经济，而于明清及近代经济方面尤多注意。全汉昇的论文，多刊于《"中央研究院"历史语言研究所集刊》；他在新亚书院历史系任教的科目，主要是"中国社会经济史"和"中国近代经济史"。

全汉昇（1912—2001），广东顺德人。广州市立第一（广雅）中学毕业后，入北京大学史学系，其间修习政治系教授陶希圣讲授的"中国社会经济史"，深感兴趣。1935年毕业，入"中研院"史语所为助理员。其后随史语所辗转西南及东渡台湾，研究重心移至明清及近代。

1965年，全汉昇应聘到香港中文大学新亚书院任教；1972年至1975年，及1979年至1983年，两度任新亚研究所教务长。1975年任新亚书院院长，两年后退休。1983年起，任新亚研究所所长11年。1984年当选为"中央研究院"院士，到台湾新竹定居，后因病逝世，享年90岁①。

全汉昇早年发表的论文《中古自然经济》，是研究魏晋至唐代中叶货币演变的重要专著；《唐宋帝国与运河》，剖析大运河与唐宋两代国运盛衰的关系。所撰论文百余篇，辑为《中国经济史论丛》第一、二册（1972年）及《中国经济史研究》上、中、下三册（1976年），均由新亚研究所出版。据不完全统计，全汉昇著述宏富，计有专书九种，论文116篇，此外还有书评、杂著等②。其中有《汉冶萍公司史略》（香港：中文大学出版社，1972年）一种，对汉冶萍公司在官办、官督商办及商办各个时期的历史作了详细的研究，尤其注意其在财务方面与日本资本家的关系，具体地检

---

① 何汉威《全汉昇先生事略》，载香港中文大学历史系编《贯古通今·融东会西——扎根史学五十年》，第57—62页。
② 何汉威《全汉昇先生》，载黄浩潮主编《珍重·传承·开创：〈新亚生活〉论学文选》上卷，第169—170页。

讨了中国近代钢铁企业经营失败的原因[1]。

近年坊间流通的全汉昇著作，有《中国社会经济通史》（北京：京华出版社，2016年）和《明清经济史研究》（台北：联经出版事业股份有限公司，2019年第二版）。后者是"清华文史讲座"讲话内容，分为两编：上编为"明清中外交通与贸易"，分述中国与葡萄牙、西班牙、荷兰的交通与贸易，各为一讲；下编为"清代经济概略"，包括《人口与农业》《货币与物价》及《近代工业化的历史》三讲。

《中国经济史论丛》

1972年，全汉昇将33篇横排的论文和书评，根据原来单行本影印，编成《中国经济史论丛》两册，由新亚研究所出版。论文内容由唐代开始，主要集中于两宋和明清时期，包括物价、货币、米价、人口，以及近代中国工业化运动等。这些论文，大多发表在《"中央研究院"历史语言研究所集刊》

---

[1] 林启彦著《中国近代史研究趋势与书目提要：香港篇·日本篇》（香港：香港浸会大学当代中国研究所，2014年），第25页。

和《"中央研究院"院刊》，也有一些刊登于《香港中文大学中国文化研究所学报》和《清华学报》上（见表 12-1）。

表 12-1 《中国经济史论丛》论文目录

册次	论 文 题 目	发 表 刊 物
第一册	1. 唐宋时代扬州经济景况的繁荣与衰落	《"中央研究院"历史语言研究所集刊》（下称集刊）第十一本
	2. 北宋物价的变动	《集刊》第十一本
	3. 北宋汴梁的输出入贸易	《集刊》第八本第二分
	4. 宋代南方的虚市	《集刊》第九本
	5. 宋金间的走私贸易	《集刊》第十一本
	6. 南宋初年物价的大变动	《集刊》第十一本
	7. 南宋稻米的生产与运销	《集刊》第十本
	8. 南宋杭州的消费与外地商品之输入	《集刊》第七本第一分
	9. 宋末的通货膨胀及其对于物价的影响	《集刊》第十本
	10. 自宋呈明政府岁入中钱银比例的变动	《集刊》第四十二本第三分
	11. 元代的纸币	《集刊》第十五本
	12. 明季中国与菲律宾间的贸易	《香港中文大学中国文化研究所学报》第一卷

续 表

册次	论文题目	发表刊物
第一册	13. 明清间美洲白银的输入中国	《香港中文大学中国文化研究所学报》第二卷第一期
	14. 自明季至清中叶西属美洲的中国丝货贸易	《香港中文大学中国文化研究所学报》第四卷第二期
第二册	15. 美洲白银与十八世纪中国物价革命的关系	《集刊》第二十八本
	16. 清中叶以前江浙米价的变动趋势	与王业键合著,《集刊外篇》第四种
	17. 清雍正年间（一七二三——三五）的米价	与王业键合著,《集刊》第三十本
	18. 乾隆十三年的米贵问题	《庆祝李济先生七十岁论文集》
	19. 清朝中叶苏州的米粮贸易	《集刊》第三十九本
	20. 清代的人口变动	与王业键合著,《集刊》第三十二本
	21. 鸦片战争前江苏的棉纺织业	《清华学报》新第一卷第三期
	22. 甲午战争以前的中国工业化运动	《集刊》第二十五本
	23. 清季西法输入中国前的煤矿水患问题	《"中央研究院"院刊》第一辑
	24. 清季的江南制造局	《集刊》第二十三本

续　表

册次	论文题目	发表刊物
第二册	25. 上海在近代中国工业化中的地位	《集刊》第二十九本
	26. 清季的货币问题及其对于工业化的影响	《"中央研究院"院刊》第二辑
	27. 山西煤矿资源与近代中国工业化的关系	《"中央研究院"院刊》第三辑
	28. 近代四川合江县物价与工资变动的趋势	与王业键合著,《集刊》第三十四本上册
	29. 从徐润的房地产经营看光绪九年的经济恐慌	《集刊》第三十五本
	30. 评杨联陞:《从经济方面看中国在统一帝国时代的公共工程》	《香港中文大学中国文化研究所学报》第二卷第一期
	31. 评崔维泽(D. C. Twitchett)教授对于唐代财政史的研究	《集刊》第三十六本下册
	32. 评普利白兰克(Edwin G. Pulleyblank):《安禄山叛乱之背景》	《清华学报》新第一卷第一期
	33. 评费慰恺(Albert Feuerwerker):《中国早期工业化：盛宣怀与官督商办企业》	《清华学报》新第五卷第一期

《中国经济史研究》

继《中国经济史论丛》之后,全汉昇于 1976 年将直排的论文及专刊 21 种,编为《中国经济史研究》三册,由新亚研究所出版。当中包括他早期出版的代表性著作,如《中古自然经济》和《唐宋帝国与运河》,及后期在《新亚学报》《新亚书院学术年刊》及《新亚生活双周刊》上发表的论文等(见表 12-2)。

表 12-2 《中国经济史研究》论文目录

册次	论 文 题 目	发 表 刊 物
上册	1. 中古自然经济	《"中央研究院"历史语言研究所集刊》(下称《集刊》)第十本
	2. 唐代物价的变动	《集刊》第十一本
	3. 唐宋政府岁入与货币经济的关系	《集刊》第二十本
	4. 唐宋帝国与运河	"中央研究院"历史语言研究所专刊
中册	5. 宋代官吏的私营商业	《集刊》第七本
	6. 宋代寺院所经营的工商业	《国立北京大学四十周年纪念论文集》

续表

册次	论　文　题　目	发　表　刊　物
中册	7. 宋代广州的国内外贸易	《集刊》第八本
	8. 略论宋代经济的进步	《大陆杂志》第二十八卷第二期
	9. 宋明间白银购买力的变动及其原因	《新亚学报》第八卷第一期
	10. 明代的银课与银产额	《新亚书院学术年刊》第九期
	11. 明清时代云南的银课与银产额	《新亚学报》第十一卷上册
	12. 明代北边米粮价格的变动	《新亚学报》第九卷第二期
下册	13. 美洲发现对于中国农业的影响	《新亚生活双周刊》第八卷第十九期
	14. 近代中国的工业化	《新亚生活双周刊》第九卷第十五期
	15. 汉冶萍公司之史的研究	《中国现代史丛刊》第二册
	16. 清末汉阳铁厂	《社会科学论丛》第一辑
	17. 从货币制度看中国经济的发展	《中国文化论集》第一辑
	18. 清季铁路的官督商办制度	《科学季刊》第三卷第二期
	19. 清季英国在华势力范围与铁路建设的关系	《社会科学论丛》第五辑

续 表

册次	论 文 题 目	发 表 刊 物
下册	20. 清季铁路建设的资本问题	《社会科学论丛》第四辑
	21. 铁路国有问题与辛亥革命	《中国近代史丛刊》第二册

全汉昇的论著，至今仍备受注意，近刊《中国经济史研究（一）、（二）：全汉昇经济史著作集》（北京：中华书局，2011年），强调全汉昇是中华经济史学科的开拓者之一。尤应指出，他晚年对大航海时代中西海洋贸易的研究，是海洋史研究的先导，具有启发意义①。学界应该对他为数众多的论文，进一步作更全面、更深入的探讨。

教学和研究特色

农圃道时代历史系毕业生何汉威是全汉昇的入室弟子，他指出："先生居港卅载期间，尤集中于探研明中叶以还，中、西、日、葡、荷之贸易关系及金银比价诸问题。明中叶以降约四百年间，中国币制堪称银铜复本位制；先生之研究尤着重于

① 郑永常《我的两位老师全汉昇教授和严耕望教授》，《新亚论丛》第二十期，第527页。

期间之货币供给，借以明了币制发展，尝发表《明季中国与菲律宾贸易》《明代的银课与银产额》《清代云南的铜矿工业》及《明中叶后中国黄金的输出贸易》等重要论文多篇。透过先生从货币、物价、国内贸易等多面性深入探讨，吾人因得以对清代整一经济体系之演变面貌，认识更为完整。"①全汉昇对明清经济史研究的贡献，大抵于此可见。

何汉威说："先生木讷寡言，兢兢自守，生活简朴，身体素健。"②新亚研究所毕业生杨永汉对全汉昇在所内讲授的情形，有以下较详细的描述："老师课堂主要是开在星期六早上，选修人数约十多人，用国语授课，讨论时则用粤语。小憩后，老师会与我们讨论问题，每条问题，老师都细心作答，有时眉头紧蹙，有时微露笑颜，但大部分时间老师都不苟言笑。"同学们通常是一或两星期会向老师请益，讨论完毕，一班同学会和老师午饭③。

修读过全汉昇任教科目的学生，大多对西班牙大帆船和美洲农作物番薯等留有深刻的印象，有时甚至引为课余大家

---

① 何汉威《"中央研究院"院士全汉昇先生事略》，《诚明古道照颜色——新亚书院55周年纪念文集》，第168页。
② 同上注。
③ 杨永汉《忆新亚研究所师友情谊》，《新亚论丛》第二十期，第504—505页。

闲谈之资；殊不知这两者对明清以来的中国，影响是非常深远的，生活在工商业社会的城市年轻人未必领略其重要性。在新亚书院成立 70 周年之际，全汉昇的弟子黄浩潮主编《新亚生活》论学文选，就选了 1966 年全汉昇的一篇演讲，当中提到："如果把农业发展的历史考察一下，我们可以知道，自新大陆发见（现）后，由于美洲农作物品种的传播，中国的土地利用曾经发生很大的变化，中国的粮食生产曾作大量的增加。原来在欧亚旧大陆没有出产的农作物，如番薯、玉蜀黍、花生、烟草等，都源出于美洲，自后者被发见（现）后，才渐渐传播到旧大陆去。"中国到了 16 世纪左右，也辗转输入这些农作物的品种，其中尤可当作粮食的番薯和玉蜀黍，因为能够在其他谷物不易生长的土地上普遍种植起来，有助于粮食供应量的增加，从而养活了较前增多的人口。明朝末叶，番薯已经在福建、广东种植以济饥荒；中国原先还没有垦辟的生地、贫瘠的沙土、原始的森林，都因此而开发耕植[①]。以小见大，在生活日常中看社会经济，此文从所述内容到行文语调，在在反映了全汉昇教学和研究的特色。

---

① 全汉昇《美洲发见对于中国农业的影响》，载黄浩潮主编《珍重·传承·开创：〈新亚生活〉论学文选》上卷，第 171—183 页。

第十三章
王德昭：西洋史与中国近代思想

生平事略和主要著述

香港中文大学成立后，因应新亚书院历史系增强师资阵容，巩固西洋历史方面的教学，王德昭应聘来港。主要讲授的科目，除"西洋文化史""欧洲近代史"外，前期以"史学方法论"和"中西交通史"为主，后期开设"近代中国思想史""近代中外关系史"等。

王德昭（1914—1982），浙江嘉兴人。1934年入北京大学历史系，后于西南联合大学毕业。1942年在国立贵州大学任教，1947年到台湾师范大学历史系任教，1962年到南洋大学历史系任教，后兼系主任、文学院院长等职。1966年到香港中文大学新亚书院历史系任教，1970至1972年，任新亚研究所教务长，其后转到联合书院历史系，讲授"中国近代史""史学方法论"等科目,并担任香港中文大学历史系主任、香港中文大学文学院院长、中国文化研究所副所长。曾主编《香港中文大学学报》及《香港中文大学中国文化研究所学报》,晚年专注的一项研究工作,是清代科举制度研究①。

《清代科举制度研究》(香港:中文大学出版社,1982年)除阐述清代科举制度本身的情况外,亦致力于探究其意义和影响,对清代思想的演变尤多措意。此书凡20万字,是王德昭晚年的力作。内容分为五个专题:① 明清制度的递嬗;② 清代的科举入仕与政府;③ 科举制度下的教育;④ 科举制度下的民风与士习;⑤ 新时势、新教育与科举制度的废止。王德昭出版的第一本书是《明季之政治与社会》(重庆:独立出版社,1942年),前后相距40年,足以印证一位潜心历史研究而又关怀现实社会的学者,在中国自明末以来的历史经验中,为探求国家民族的出路所作出的努力②。

---

① 陈万雄《德昭师的为学与做人》,载香港中文大学历史系编《贯古通今·融东会西——扎根史学五十年》,第85—94页。
② 周佳荣《从〈明季之政治与社会〉到〈清代科举制度研究〉:我所认识的王德昭师》,载《王德昭教授史学论集》(香港:《王德昭教授史学论集》编辑委员会,1985年),第172—176页。

中国近代史研究

王德昭在港任教期间,撰写了多篇关于近代中国史事和人物的论文:载于《香港中文大学中国文化研究所学报》的,有《知识分子与辛亥革命》(第四卷,1971年)、《清代的科举入仕与政府》(第十二卷,1981年)等;在《香港中文大学学报》发表的,有《谭嗣同与晚清政治运动》(第二卷第一期,1974年);载于《新亚书院学术年刊》的,有《黄遵宪与梁启超》(第十一期,1969年)。这些论文,大多收入《从改革到革命》(北京:中华书局,1987年)一书之中(见表13-1)。

表13-1 《从改革到革命》论文目录

论 文 题 目	发表刊物/研讨会
黄遵宪所见之日本	中日文化交流国际研讨会论文(香港,1979年)
黄遵宪与梁启超	《新亚书院学术年刊》第十一期(1969年)
谭嗣同与晚清政治运动	《香港中文大学学报》第二卷第一期(1974年)

续 表

论 文 题 目	发表刊物/研讨会
晚清的教育改革与科举制度的废止	《清代科举制度研究》中之一篇
清季一个知识分子的转变——秦力山研究	《纪念辛亥革命七十周年学术讨论会论文集》(1981年)
知识分子与中国同盟会	孙中山和辛亥革命国际学术讨论会论文（广州，1979年）
五四运动对于孙中山革命思想之影响	《香港中文大学学报》第五卷第一期（1979年）
第一次联俄联共对于孙中山革命思想的影响	Leverhulme 国际学术讨论会论文（1979年）
孙中山民族主义思想的最后发展	亚洲历史学家会议论文（曼谷，1977年）

《从改革到革命》在王德昭逝世后才出版，书首有王夫人撰《王德昭教授之生平事略》，所述甚详，并有一段总结性的说话：

> 德昭一生，勤于研读及著述。在一九三六年初，已在《东方杂志》及《时事类编》等发表文章。在大学任教近四十年，对学生之学业，无不尽心指导，关怀备至。待人忠

挚诚恳,凡师友有所委托,必全力以赴,彻底赶办。原拟于完全退休之后,再以全副精神整理自己历年之读书札记、研究心得编印成书,作为对学术之贡献。孰料天不假年,骤然弃世,未竟其志!①

孙思白《追念王德昭教授》一文指出,王德昭精通英、法、日语,汉语根底也好,他在中西历史方面都具有深厚基础,亦在中西交通史上下过一番功夫,其后的研究重点是甲午到五四期间的政治与文化思想,孙中山思想更是他研究近代史的核心。中华书局把他的译作印成专集问世,是很值得的一件事②。

《从改革到革命》第七、第八、第九篇论文,原用英文撰写,由他的学生翻译成中文。全书旨在突出近代中国政治过程的主要特征是知识分子救亡图存的奋斗过程,从改革到革命是历史的必由之路③。其实王德昭研究中国近代史由来已

---

① 王陈琬《王德昭教授之生平事略》,载王德昭著《从改革到革命》(北京:中华书局,1987年),第3页。
② 孙思白《追念王德昭教授》,载王德昭著《从改革到革命》,第5页。
③ 林启彦著《中国近代史研究趋势与书目提要:香港篇·日本篇》,第39—40页。

久，他早年已发表专论《同治新政考》（上、下），载《文史杂志》第一卷第四、五期（1941年）；另有《甲午战争前中国处理朝鲜"壬午事变"之经过》，载《真理杂志》第一卷第三期（1944年）。其后的《医人与医世：黎刹与孙中山》，载《传记文学》第七卷第五期（1965年），对两人的异同作了比较。黎刹（Jose Rizal）被尊为菲律宾国父，他力陈恢复和保持本身民族特性的重要性。

在香港中文大学新亚书院和联合书院任教期间，王德昭多次公开演讲，均以中国近代史人物与史学为题，计有《太平天国史解释举隅》《近百年来中国文化的处境及其展望》《近代中国之趋向——自西力东渐至甲午战争之中国（1842—1894）》《民初十年间思想之概况》《孙中山的联俄政策及其对中国革命的影响》《新文化运动时期的陈独秀》《辛亥革命研究的新动向》等，均见《王德昭教授史学论集》。

另有两篇重要的论文：其一是《论甲午援韩》，载《新亚学报》第十卷第一期（1971年），力陈甲午战争乃日本所迫成，见解精辟；另一是《从世界史看中国史》，载《大公报在港复刊卅周年纪念文集》下卷（香港：《大公报》，1978年），从世界历史的角度来论述中国史进程，有宏观的视野。王德昭常应邀作专题演讲，讲词发表于《新亚生活双周刊》《新亚书院历史学系系刊》《史潮》等刊物，后由门生辑为《王德昭教授史学论集》(1985年)，此书还包括序、跋、杂著和孙思白、宋海文、李宗瀛、林启彦、陈建熊、郭少棠、陈万雄、周佳荣的纪念文章。

西洋史与中外交通

王德昭擅长西洋史，著有《文艺复兴》(台北：中华文化出版事业委员会，1953—1954年)，译有布林顿（Crane Brinton）著《西洋思想史》(台北：正中书局，1963年)。课堂讲义，编为《西洋通史》[香港：商务印书馆（香港）有限公司、台北：五南图书公司，1987年]。王氏于中西交通史用力甚深，多所著述，主要论文如《马基雅弗里与韩非思想的异同》，载《新亚书院学术年刊》第九期（1967年）；《服尔德著作中所见之中国》，载《新亚学报》第九卷第二期（1970年），并有书评、书评论文多篇。后由弟子编为《历史哲学与中西文化》[香港：商务印书馆（香港）有限公司，1992年]，王德昭史学的规模可得其梗概。

学界于孙中山生平及其思想学说，研究著述之多，实在不可胜数，王德昭早期的两篇专论，分析同盟会时期至五四运动前的孙中山思想，是其中的表表者，合为《孙中山政治思想研究》[香港：商务印书馆（香港）有限公司，2011年]。另有英文论著译成中文后，收入《从改革到革命》一书之中。这些论著指出孙中山的思想，有继承于传统、吸收西方和出于自己创造三方面。把孙中山一生思想变迁分成几个阶段，逐一加以缕析，从而合成一个完整的孙中山思想研究，阐明孙中山的三民主义思想何以超越群伦①。王氏诸篇具体指出孙中山思想与西方学说的关系，尤为一般论者所不及。

对历史教学的重视

王德昭在香港培养的学生，以西洋史和中国近代史两者居多；他早年编著的《怎样教历史》（台北：正中书局，1951年），对本地的历史教学颇有影响。此书论述有关历史教学的问题，简明扼要，《前言》以下，首先探讨历史的领域，指出历史是研究事实的科学，究明历史教学的宗旨；

---

① 林启彦《香港地区中国近代史研究的先驱——王德昭教授》，载《香港中国近代史学报》第三期（2005年），第112—113页。

接着讲解事实如何选择和排比、事实的叙述，然后分析历史中的"常"和"变"，文化史应怎样讲授，等等。

谈到历史教学的价值问题，书中列出六点。第一，历史教学保存了人类过去的知识和经验。第二，从对过去的认识中，历史教学帮助我们了解现在。第三，对现在的了解是对现实行为的最正确的指导，因而历史教育也指导未来。第四，历史教学足以健全心智，其一是进步精神的培植，其二是观察力和判断力的增进，其三是人格的开拓。第五，历史教学供给治学以必需的知识基础。第六，是历史教育在发扬民族意识上所发挥的重大作用。钱穆《国史大纲》卷头语曾谓，不知国史，"最多只算一有知识的人，不能算一有知识的国民"。因为唯有普遍的历史知识，才使人意识到民族的特立的存在，即所谓"于一同中见诸异"，"于诸异中见一同"。王德昭进而指出："同样，历史知识也使我们明了今日的国际形势、文化状况和民族处境，从而使我们知所自处，无背于时代的趋向。"①

王德昭为教学付出大量心力，做到身体力行的地步。所开

---

① 王德昭著《怎样教历史》（台北：正中书局，1951年；1971年第九版），第58—65页。

设的课程，内容质量都极高，充实而富启发性，此乃受业者所共知。其讲授笔记向为学生珍视，可见一斑。据陈万雄忆述，王德昭授课时，讲义摊在面前，大部分时间却是望向学生，声调铿锵，辅以轻轻的手势，别具风采。"讲授时谈吐接近文体化，分析评论史事时，遣词用字尤见讲究。从黑板的两边向中间，依着讲授进程，整整齐齐写上难听得懂的中、英文字句。一切都是那么认真，那么有条理。"他习惯在课前的一晚和上课前，花一两小时细心阅读自己已准备好的讲义，上课时便能出口成诵。其用意是在有限的授课时间内，使学生得到最大的受益，这种严肃负责的教育态度，真是难能可贵①。

王德昭讲授历史时，常引述汤恩比的观点，强调文明兴衰取决于其社会文化，而文化的生命力则发挥着创造文明的作用。王氏的一个治学特点，是将中西文化作横向比较，借此扩阔读者的眼光，从世界视野看中外历史进程。在王德昭著、周佳荣整理的《史学研究法讲义》〔香港：商务印书馆（香港）有限公司，2023年〕中，对研究历史的方法和如何撰写史学论著作了系统而详细的说明。

---

① 陈万雄《德昭师的为学与做人》，载《王德昭教授史学论集》，第165—167页。

第十四章
陈荆和：日本史及东南亚研究

生平事略和研究重点

新亚书院文史系开办之初，课程以中国研究为主，辅以西洋历史。既以"新亚"为名，亚洲研究自亦不可忽视，新亚研究所聘陈荆和主持东南亚研究室，在当时是创举，陈氏在历史系开设"日本史"和"东南亚史"，使系中课程更臻完善。

陈荆和（Chingho A. Chen，1917—1995），原籍福建漳州，生于台湾台中市。在日本接受小学、中学教育，入庆应义塾大学史学系，后在越南进修东南亚史。任教于台湾大学、越南顺化大学、西贡大学及大叻天主教大学，1962年来港，在新亚研究所从事东南亚研究。在此之前，他已在《新亚学报》发表论文，计有《十七、十八世纪之会安唐人街及其商业》（第三卷第一期，1957年）、《承天明乡社与清河庯》（第四卷第一期，1959年）及《清初郑成功残部之移殖南圻》上（第五卷第一期，1960年），下篇于来港后续刊于第八卷第二期（1968年）[1]。

早在1960年代初，陈荆和已编印《十七世纪广南之新史料：〈海外记事〉》（台北：中华丛书委员会，1960年）；又有《阮朝朱本目录》第一集（嘉隆朝）、第二集（明命朝）及《黎崱〈安南志略〉校定本》，由越南顺化大学出版（1960—1961）。

陈荆和在顺化大学任教期间，对明清之际朱明遗民流寓越南建立的华裔社区"明香社"（意即维持明朝香火，后来改称"明乡社"）有开创性的研究，来港后出版了《承天明乡社陈氏正谱》（香港：新亚研究所，1964年）一书。

成立东南亚研究室

陈荆和主持的东南亚研究室，总共出版了五种研究专刊

---

[1] 周佳荣《陈荆和传略》，载黄浩潮主编《珍重·传承·开创：〈新亚生活〉论学文选》上卷，第282页。

和两种史料专刊；香港中文大学成立后，有关方面的专著，多由中文大学出版社印行（见表14-1）。《十六世纪之菲律宾华侨》是陈荆和的代表作，此书收集他历年发表关于菲律宾华侨史研究的论文，探讨西属菲律宾时期中菲贸易的出现，内容并及西属初期对华侨的管治以及菲华的动态。其后此书另有英文版在日本东京出版[1]。1977年至1981年间，陈荆和转任香港中文大学日文系（后改为四国语言系日文组）系主任，兼中国文化研究所所长，其间，仍致力整理越南史料。1981年至1993年间，陈氏任职日本创价大学，担任教育学部、教育与文化研究中心特任教授，1986年起出任亚洲研究所所长，任内曾到北京大学讲学。《校合本·大越史记全书》（上、中、下册）及《校合本·大越史略》两种重要的越南史书，陈氏均于日本完成校订，先后于1984年和1987年出版，为越南史研究作出了重大贡献[2]。

《大越史记全书》是越南黎朝（后黎朝，1428—1789）史官吴士连等撰修的编年体正史，基于《大越史记》及《史记

---

[1] Ching-ho Chen, *The Chinese Community in the Sixteeth Century Philippines* (Tokyo: The Centre for East Asian Culture Studies), 1968.
[2] 周佳荣《陈荆和及其东亚史研究》，载《香港中国近代史学报》第三期（2005年），第121—130页。

表 14-1 陈荆和在香港编印的著作

丛书名称	编著者/书名/出版年份
东南亚研究专刊（新亚研究所出版）	1. 郑怀德著《艮斋诗集》（1962 年） 2. 陈荆和著《十六世纪之菲律宾华侨》（1963 年） 3. 吕士朋著《中越关系史》（1964 年） 4. 陈荆和编著《承天明乡社陈氏正谱》（1964 年） 5. Kani Hiroaki, *A General Survey of the Boat People in Hong Kong* 可儿弘明著《香港艇家的研究》（1967 年）
东南亚史料专刊（新亚研究所出版）	1. 潘叔直辑《国史遗编》（1965 年） 2. 宋福玩、杨文珠辑《暹罗国路程集录》（合编，1966 年）
其他专著（香港中文大学出版部、出版社出版）	1. 《嗣德圣制字学解义歌译注》（1971 年） 2. 《新加坡华文碑铭集录》（与陈育崧合编，1972 年） 3. 《阮述〈往津日记〉》（1980 年）

续编》两种著作编成；1665 年范公著奉命续修《大越史记全书》，增加《本纪实录》及《本纪续编》；至 1697 年，黎僖撰成《本纪续编追加》，又增 1662 年至 1675 年黎玄宗、黎嘉宗两朝实录，成为《大越史记全书》的最后修订本，至此全书遂告完成，颁行天下。除最初的刻本外，西山朝（1778—1802）、阮朝均有版刻或复刻；1885 年日人引田利章在日本以活字印刷，成为通行本，但错漏颇多，引起

不少疑问。陈荆和编校的《校合本·大越史记全书》，以不同版本互校，并加标点和注解，对研究者最称便利[1]。

另一本由陈荆和编订的《校合本·大越史略》，1987年由创价大学亚洲研究所出版。《大越史略》又名《越史略》，是越南最早的编年体史书，撰者不详（有人认为作者是胡宗鷟），大约是越南陈朝昌符年间（1377—1388）的著作。共有三卷，从传说时代起叙，而于李朝（1010—1225）史事记述特详，与《大越史记全书》同为考察越南李朝及前此史事的基本材料。但该书在越南国内已失传，流传于中国，收入中国的《四库全书》，此外亦见于其他丛书载录[2]。陈荆和编校的《校合本·大越史记》，是现行最完整的版本。

陈荆和早年的越南史研究，从字音训诂着手，又运用民俗学、历史语言学、南亚地区的神话研究，为有关方面增添了不少新看法。他对华侨史的研究，则通过田野和考古调查，补文献材料的不足，开启了治史的多样门径。20世纪下半叶，越南历尽战火灾劫，陈荆和为史料、史籍的保存和整

---

[1] 周佳荣《越南汉文史籍解题》，载周佳荣著《亚太史研究导论》（香港：利文出版社，1999年），第84—85页。
[2] 同上书，第85—86页。

理付出了巨大努力，尤为难能可贵①。

钱穆谈南洋研究

《艮斋诗集》书首有钱穆的发刊辞，指出"现在的世界，正走上了一条剧变的路。从前隔别的各地区，现在是亲若比邻了。从前分散的各民族，现在是快将成为天下一家了。从前各地区各民族的历史文化传统，各不相知，现在是急切地要求交融合流，汇而为一了"。接着他认为：

> 从前中国人，常把中国文化认为是世界的中心，现在此种古老观念，我们中国人把它久已放弃了。近几百年来的西欧人，也认为他们的文化是举世独尊的，现在此种观念，他们也将不能继续保持了。我们该根据以前各民族的旧历史来发扬此下世界人类的新精神，我们也该根据此下世界人类的新精神来探求以前

---

① 区显锋《陈荆和对越南史研究之贡献》，载周佳荣、范永聪主编《东亚世界：政治·军事·文化》［香港：三联书店（香港）有限公司，香港浸会大学当代中国研究所，2014年］，第367—386页。

各民族的旧历史。

对于东南亚地区,钱穆强调:"中国人在南洋各地,在以往历史上,有他们甚大的贡献,在此后南洋各地之前瞻中,中国人也有其甚高之地位。我们将针对着世界新潮流来研究南洋各地的旧历史,我们也将把研究南洋各地中国人以往的旧历史来配合和追随此世界将来的新潮流。我们的用力点虽偏限于南洋各地中国人的历史之这一面,但我们的着眼点则决不限止于此。我们以中国人的身份来研究南洋各地的旧历史,但我们并不采取一种狭义的民族观。我们只求如实探讨,如实发现;我们的研究,将分别为两部门,一部门偏重于现实情况,凡属南洋各地各民族、文化、学术、政治、经济、社会情况亦在探讨研究之列,另一部门偏重于历史经过,则分量上当以偏重于华侨史者为多。我们只盼望根据此两部门之研究所得,来对南洋之将来以及对全世界的潮流所趋有贡献。"

在序言末尾,钱穆说:"我们将络续以研究所得公之世人,有些是我们自己的新研究,有些则是以前的旧材料。只要有可供大家研究参考的,我们也将络续搜集发刊,以广流传,这是我们从事于南洋研究的宗旨所在,特地写出,作为我们此后刊布研究论文及翻印古籍之序言。"①钱穆这篇序，实亦可以视为开展东南亚研究的宣言。

别开生面的教学方式

陈荆和是一位严肃中见亲切的教授，上课时的态度十分认真，一班同学都觉得他的举止像日本人，有时会把上课的一些趣事引为笑谈。上"日本史"课，学生听到大堆陌生而古怪的日本词汇，似明非明，陈荆和不厌其详地加以讲解，学生则尽量把内容记录下来。有一次，学年结束之际，他带了纸杯和日本茶包到课室，亲自为每个学生冲一杯茶，然后继续上课。为研究生开设的"日本史专题"，除了讲述他的心得之外，还指定研究生阅读英文和日文著作，甚至要研究生轮流逐段逐句译解。初时大家觉得有些困难，但确实是一种很有用的训练方法。这是日本大学里惯常进行的"演习"，与现时本地大学的"导

---

① 钱穆《东南亚研究专刊发刊辞》，载郑怀德著《艮斋诗集》（香港：新亚研究所，1962年）。按：此序未见收入《新亚遗铎》之中，特全文引录，以资保存。

修"形式不同①。

陈荆和的东南亚史著述较专,论文题目和书名往往令学生摸不着头脑,亦很少人留意他在国际学术界的地位。相对于主流的中国史来说,"日本史"和"东南亚史"算是"冷门"科目,真正有兴趣的学生虽然不多,但陈氏的学养和专长,无疑为"新亚史学"添上了新气象,使学生的视野由中国扩大到亚洲。

历史学家曹永和指出,虽然台湾学界对陈荆和多所忽略,但他的东南亚史——特别是越南史研究,在台湾史学界应该有特别的地位②。这番话大概也适合于香港史学界,本地学者对陈荆和大量的学术论著,以及他在史料整理方面取得的成就,显然是相当忽略的。在海洋史研究日渐兴起的年代,在"一带一路"的倡议逐渐落实的今日,陈荆和留下来的学术成果,是十分珍贵并需加以珍惜的。

周佳荣所著的《陈荆和著作导读:东南亚史与华侨研

---

① 周佳荣《师门十年记——陈荆和教授与我》,载陈方正主编《与中大一同成长》(香港:香港中文大学中国文化研究所,2000年),第202—204页。

② 曹永和《百年来的台湾学术发展》,载庄永明总策划《学术台湾人》(台北:远流出版事业股份有限公司,2002年),第11页。

究》〔香港：三联书店（香港）有限公司〕，是陈荆和编撰书籍及论文的提要，较全面地介绍了他的学术成就，附有他的生平事略和著述目录。

第十五章
孙国栋：出任新亚研究所所长

新亚历史系系主任

孙国栋继牟润孙之后，出任新亚书院历史系系主任多年，他是钱穆等大师培养出来的第一代毕业生，擅长中国政治制度史和唐宋史。其后担任新亚中学校监和新亚研究所所长，为弘扬新亚精神作出了努力和贡献。谈论新亚精神的人不少，能像孙国栋那样身体力行的人却不多。

孙国栋（1922—2013），祖籍广东番禺。因景仰宋代爱国词人辛弃疾（号稼轩居士），而以"慕稼"为号。1957年新亚研究所毕业后，留校任教。讲授科目包括"中国通史""隋唐史""中国政治制度史"及"资治通鉴"等，"中国通史"以钱穆的《国史大纲》为教材，要求学生提交的读书报告，包括钱氏的《中国历代政治得失》《中国思想史》《宋明理学概述》等。

孙国栋的学术论文，载于《新亚学报》的，有《唐代三省制之发展研究》（第三卷第一期，1957年）、《唐宋之际社会门第之消融》（第四卷第一期，1959年）等；载于《新亚书院学术年刊》的，有《北宋农村户口多少问题之探讨》（第二期，1960年）、《唐贞观永徽间党争试释》（第七期，1965年）、《从北宋农政之失败论北宋地方行政之弱点》（第八期，1961年）等，载于《中国学人》的，有《晚唐中央政府组织的变迁》（第一期，1970年）及《宋代官制紊乱在唐制之根源》（第三期，1971年）。

唐宋史研究的成果

上述论文都收入《唐宋史论丛》（香港：龙门书店，1980年）中，共有九篇；后又加入《读两〈唐书·李渤传〉书后》及《唐代中央重要文官迁转时间与任期的探讨》两篇，由香港商务印书馆出版增订本。此书另有上海古籍出版社1990年简体字版，再增《〈唐书·宰相表〉初校》一篇[①]。大抵来说，孙国

[①] 《出版说明》，载孙国栋著《唐宋史论丛》（上海：上海古籍出版社，2010年）。

栋的唐宋史研究，以唐代政治与政制为重心，兼及唐宋之际的政治和社会，同时亦注意到有关人物的活动。李金强指出："国栋师为唐史专家，亦为本港华文史学界首先以计量方法研究唐宋之政治及社会史之学者，其《唐宋史论丛》一书，可见其研究之功力。"①

《唐宋史论丛》中尚有两篇论文应予注意，其一是《从〈梦游录〉看唐代文人迁官的最优途径》，载《东方文化》第十卷第二期（1972年），利用当时的小说所载升官图来论述《梦游录》的年代；其二是《唐代中书舍人迁官途径考释》，载《钱穆先生八十岁纪念论文集》（香港：新亚研究所，1974年），此文兼论唐代中央政府组织的变迁与职权的转移。至于《唐宋之际社会门第之消融》乃利用统计方法，指出中晚唐时期，门第仍为政治上的核心；至北宋时，没有家庭背景、考科举出身的士人始成为政治上的中坚②。

孙国栋著《唐代中央重要文官迁转途径研究》（香港：

---

① 李金强《新亚师友杂忆》，《新亚论丛》第二十期，第492页。
② 刘健明、吕振基《四十年来香港的隋唐五代史研究》，载周佳荣、刘咏聪主编《当代香港史学研究》[香港：三联书店（香港）有限公司，1994年]，第208—209页。

龙门书店，1978年）运用图表说明著者的观点，以大量统计指出问题的根源，为唐代中央文官制度的研究另辟蹊径。此书与《唐宋史论丛》中的论文互相参照并读，可以对相关史事有更明晰的理解。

孙国栋的门生赵雨乐指出，孙氏的唐史研究，不单为制度史的静态观察，他对官僚制度里的中央政府人物活动，以及士人群体的地位和待遇，均具深刻的描画；他论述官职的变迁、人物的升沉、阶级的消融等，均涉及唐宋变革的重要理念，其研究业绩因而受到唐宋变革论者的重视，可与日本、欧美学者的观点互相比照[①]。

致力推动历史教育

孙国栋早年毕业于重庆国立政治大学，1949年来港，曾任职岭东中学，投稿《人生》杂志，为该刊创办人王道所赏识，任为编辑，亦因此而认识了钱穆、唐君毅等大师，入新

---

① 赵雨乐《唐宋史研究的传承与拓展：以孙国栋师的史学为观察中心》，载香港中文大学历史系编《贯古通今·融东会西——扎根史学五十年》，第104—113页。

亚研究所进修①。除学术专著外，另有杂文、随笔等结集《强烈的生命》等；他编著的《中国历史》教科书，广泛为香港的中学所采用，在20世纪60年代至80年代中，风行二十多年。这套教科书由钱穆担任顾问，内容亦多参考钱穆著《国史大纲》的一些观点，作相应程度的浅化，间接推广了钱穆史观在中等学校的普及化。

孙国栋在讲授"中国通史"时，兴之所至，还为学生示范一套"钱穆健身操"，说钱穆教授研究生，每看书一小时，就站起来，在书桌旁做五分钟活动筋骨的体操。方法是：双手合成一个圆圈，绕着书桌的一角上下打转，左十次，右十次；双脚左右分开，随着动作时而蹲下，时而挺高，腰部同时扭动舒展。这种体操在狭小的书房内也可以进行，简单而有实效。

孙国栋又曾向学生说，大家都重视"专"，想做个专家；但中国文化是强调"通"的，应该要努力做个"通人"，一个肩负学术文化和时代发展的"大通人"②！这是

---

① 《人生》杂志创于1951年，钱穆的《人生十论》《论语新解》及唐君毅的《道德之自我建立》等，曾于该刊发表，人生出版社印行新亚学人的著作颇多。

② 周佳荣《孙国栋教授的治学理念》，《灼见名家》"东亚潮研"专栏，网址：https://www.master-insight.com。

钱穆和新亚教育向来倡导的，既力求精专，也希望能兼通，才可以更透彻地认识中国文化。新亚书院对香港文教事业的贡献是有目共睹的，孙国栋在他的岗位上奉献了一生，是钱穆史学在香港的守护者和重要传人，并且完成了他那个时代的使命。

在新亚的三项职务

除了教学和研究之外，孙国栋在新亚有三项主要职务和贡献。第一，是出任历史系主任，筹划系务不遗余力，整编课程，敦聘著名学者，使系中教授阵容鼎盛一时，有志入读历史系的学生益众，系务蒸蒸日上，功不可没。

第二，是筹办新亚中学。1973年，新亚书院迁入新界沙田，留下农圃道校舍，新亚董事长唐炳源旋即向香港政府申请，将校舍再归入新亚教育文化会，作为兴办新亚中学之用。钱穆及新亚同仁一直以来都有创办中文中学的愿望，惟筹划多年都未能实现，至此因有现成校舍，获政府批准后，继任董事长李祖法与唐君毅即任命孙国栋主持将农圃道校舍改建为中学，在苦心经营下，新亚终于有中学、大学、研究所，完成了钱穆创办一系列学府的夙愿，孙国栋出任新亚中学校监①。

第三,是出任新亚研究所所长。新亚研究所亦隶属新亚教育文化会,仍设于农圃道校舍中,1968年至1978年,由唐君毅担任所长。唐君毅逝世后,由严耕望暂代所长职务一年,继由孙国栋担任所长,任期由1978年至1983年。在这五年间,稳定了研究所的人事和行政。孙国栋卸任后一度移居美国,2005年回港,寓居中文大学新亚书院宿舍,直至去世,享年91岁。

钱穆讲的故事

钱穆喜欢对学生讲这样的一个故事:抗日战争期间,钱穆去到一间很大的寺院,和尚都因战乱逃跑了,寺院也荒废了。战争结束后,钱穆重回旧地,看见寺内种了许多夹竹桃,开得很灿烂,游客大都十分欣赏。钱穆却很感慨,认为这间寺院没有前途,因为主持的僧人只种夹竹桃,短期内繁花盛放,但夹竹桃最高只二三丈,寿命最多十几年。如有长

---

① 苏庆彬著《飞鸿踏雪泥——从香港沦陷到新亚书院的岁月》,第399页。

远打算，有计划和理想，则一定会种松柏，松柏可生长千年。住持眼光短浅，寺院焉能有大前途呢。

夹竹桃开的花是美丽的，松柏则受得起风雪，以两种植物作为譬喻，是要敦促人在艰苦中奋发。孙国栋说："钱先生这故事有很大启示性，诸位种夹竹桃呢，抑或松柏？全由你们自己决定，希望诸位不要求眼前一时的繁华，（而是要）去种松柏，安排系务也是如此的，眼光必须要长远。"[1]可谓一语中的，是经验之谈。

---

[1] 孙国栋口述《谈中国文化中之大传统与小传统》，载黄浩潮主编《珍重·传承·开创：〈新亚生活〉论学文选》下卷，第761页。

第十六章
章群：任教香港大学中文系

生平事略和主要著述

章群毕业于新亚研究所，1962 年至 1978 年任教于香港浸会学院史地系，1979 年出任历史系第一届系主任，1980 年转到香港大学中文系任教，直至退休，续于台湾东吴大学任教。港大中文系于 2006 年升格为中文学院。

章群（1925—2002），在香港浸会学院（香港浸会大学前身）任教期间，出版《中国文化史》两册（香港：教育出版社，1978 年），并有《唐史》三册（香港：龙门书店，1978 年）。他也有论文发表于《香港浸会学院学报》上，如《唐代交通》等。转到香港大学任教后，出版了《唐代蕃将研究》（台北：联经出版事业公司，1986 年）及《唐代蕃将研究续编》（1990 年）、《唐史札记》等。其他著作，由门生黄嫣梨编为《文情史德——章群杂文选辑》。

章群在《新亚学报》发表的论文,有《论唐开元前的政治集团》(第一卷第二期,1956年),认为唐太宗、唐高宗时,任用山东人士甚多,不存在关陇、山东人士集团间的斗争,开元之前不能以地域划分政治集团。其《唐代降胡安置考》(创刊号,1955年),分析降唐胡人的居地,章群致力于探讨唐代蕃将,此文首开其端倪。总计唐代蕃将多达2500余人,章群的研究堪称全面[1]。

章群著《唐史》前两册于1958年出版,1978年至1979年间由香港龙门书店出齐三册,内容包括唐代政治、制度、学术、文化等,论述较为全面。征引史料甚丰,亦多个人心得。

2002年起,香港浸会大学设有"章群教授纪念公开学术讲座",最初由他的家人捐款发起,浸大校友及社会热心人士加以支持,预定每两年举行一次。应邀的讲者主要是章群的门生弟子,计有廖伯源、黄兆强、周启荣、张伟国等等[2]。他们都出身于香港浸会学院史地系,并在新亚研究所

---

[1] 刘健明、吕振基《四十年来香港的隋唐五代史研究》,载周佳荣、刘咏聪主编《当代香港史学研究》,第209—210页。
[2] 《香港浸会大学历史系四十年图录》(香港:香港浸会大学历史系,2018年),第105、189页。

硕士班毕业。

早年与新亚的渊源

黄嫣梨编《文情史德——章群杂文选辑》（香港：光明图书公司，1997年），收录章群所写的三十几篇文章，是他在学术论文和研究专著之外的读书札记和生活感受，分为"读史随笔"和"文学漫谈"两辑。章群在此书的《自序》中说："文稿大分为二类，其一为友人门生所托，乃操翰应命。其二为所入微薄，稿酬聊可供买书之用。此类中有抒情写意之文，实如琴韵参差，不成音调。此外如悼亡之词，既以记往日情谊，亦略存其人事迹。海天不老，而惆怅长在，下笔之际，岂能自已。"①

《文情史德》中有《悼念钱师宾四》一篇，记述他早年认识钱穆的经过，及追随钱穆到新亚读书的情形。章群回忆说，1952年钱穆到台湾，在淡江英语专科学校（淡江文理学院前身）惊声堂演讲，章群当时坐在第二排，演讲完毕，问

---

① 章群《自序》，载《文情史德——章群杂文选辑》（香港：光明图书公司，1997年），第1页。

者不断，钱穆作答之际，忽然屋顶檐板掉下，钱穆受伤倒地，大家不知所措，惊惶中只听到"快送中心诊所"。章群回到办公室告知张其昀，即命急去探视，但见钱穆昏迷在床，数月后返港疗养。

第二年，钱穆康复后再到台湾，住杭州南路民主评论社，是年恰60岁，张其昀为他出版祝寿论文集，命章群送去。钱穆问了姓名，很快说了三句话，第一句是"你的两篇文章我已看到"，第二句是"我现在哪里有钱"，第三句是"你跟我去念书"。

章群解释说，他在台湾大学毕业后，未敢考研究所，1954年在《大陆杂志》连续发表了两篇文章，钱穆看到了。钱穆当年到台湾时，新亚书院已接受耶鲁大学雅礼协会的经济援助，新亚研究所则受哈佛燕京学社之助，已经有了经费。当时章群在教育部工作，钱穆叫他去念书，自然乐于接受。简单的三句话，就改变了章群的一生，从此脱离公务员生涯，走向学术界。事情恰体现了前辈对后进的栽培之意。

在新亚研究所时，章群的同学有何佑森等人，钱穆准许不用上课，与其后的研究生须上课和修学分情形不同。所以章群说他们这一班可说是养成教育，完全"自行研究"。他在这两年间,完成了《唐史》两册。1958年离开新亚,其后曾于研究所兼课两年,而钱穆已去台定居,章群"与新亚的关系,也似有似无了"①。

在艰苦奋进的年代

1971年,章群为香港浸会学院的《史地系系刊》作序辞,指出:"浸会学院是一间历史不太久的学校,还没有一种传统,风气也还没有养成。就学校而论,所谓风气,就是指的学风,学风不是虚无缥缈不可捉摸的,我们可以从学习的态度上见到,从课堂上、从图书馆中、从师生的谈话中见到,风气的养成,有待于在上者的倡导,也有待于同学们在学习上的自觉,而当从培养兴趣着手。"②他认为出版系刊,是创立了好的风气。新亚书院历史系,在20世纪60年代后期就创办系刊,后来其他大专院校的历史系也相继出版系刊,一时成为风气。

---

① 章群《悼念钱师宾四》,载《文情史德——章群杂文选辑》,第77—79页。
② 章群《历史和传统》(一),载《文情史德——章群杂文选辑》,第6页。

香港浸会学院在艰苦奋进的那些年，情况与早年的新亚书院相若，隐然有一种浸会精神，"浸会精神"与"新亚精神"有相通的地方。浸会的校训"笃信力行"及校歌歌词，均为谢扶雅所作，校歌歌词涵盖了创校的使命和宗旨，全文如下："南天海角，狮子山前，我校耸立辉煌；中西结合，昌明学术，世界新发光芒；尽心尽性，立己立人，基督荣名孔扬；缅念前犹，任重道远，相期泽普流长。"①浸会校歌和新亚校歌，都是同一个时代的写照。

1978年，香港浸会学院史地系分立为历史、地理两系；翌年，毕业于新亚研究所的章群和罗炳绵，分别转到香港大学和香港中文大学任教，由出身新亚研究所的刘家驹继任香港浸会学院历史系系主任。中国文化精神，在几个校园内起了互相呼应的效果，因为大家所珍而重之的，都是这一精神号召下的文化传统。当大学不再需要在困境中艰苦奋进的时候，新亚人也好，中大人也好，浸会人也好，如何秉承创校初衷那种崇高精神，是新时代的考验。

---

① 周佳荣、黄文江、麦劲生著《香港浸会大学六十年发展史》[香港：三联书店（香港）有限公司，2016年]，第6页。

第十七章
刘家驹：香港浸会学院历史系系主任

生平概略和教学工作

新亚研究所有几位早期毕业生到香港浸会学院历史系任教，刘家驹是其中一位，并且担任系主任六年，对提升该系学术水平作了很大贡献。继香港大学和香港中文大学之后，香港浸会大学成为本地第三所开设历史系的大学，并且有长足的发展，刘家驹的领导功不可没。

刘家驹（1932—1987），河北高邑人。早年曾在察哈尔、北平、台湾求学，1953年来香港，入华南总修院攻读哲学，毕业后为玛利诺会神父做传道员。1956年入新亚书院历史系就读，1960年毕业后，入新亚研究所，1962年完成论文《论唐代之朔方军》，留所担任东南亚研究室助理研究员，并追随陈荆和研习东南亚史，1969年获香港中文大学文学硕士学位。他的硕士论文是《菲律宾菲化运动之研究》，1983年由香港学津书店出版。

1965年起，刘家驹在香港浸会学院史地系兼课，1969年转为专任讲师。1978年，香港浸会学院史地系分为历史、地理两系，章群出任历史系第一任系主任，次年转到香港大学中文系任教；刘家驹继任为香港浸会学院历史系第二任系主任，由1979年至1985年。其后晋升为高级讲师，专注教学及研究工作；又接受校方委任，开始撰写香港浸会学院校史，只完成导论万余字，1987年因病逝世。在校任职22载[①]。

刘家驹在香港浸会学院史地系和历史系任教的科目，计有"中国通史""中国文化史""中国近三百年学术思想史""东南亚史""东南亚华人史""史学方法"等。刘氏学识宏深，议论精辟，身教与言教并重，备受诸生爱戴。担任系主任期间，系中年轻教师有冯培荣（香港中文大学崇基学院毕业，后留学英国）、宋韶光（台湾大学毕业，留学美国）、李金强（台湾师范大学毕业，新亚研究所硕士，后留学澳

---

① 周佳荣《记一位仁爱的历史教育家——刘家驹先生的生平和著作》，载《历史教育论坛》第三期（香港：香港浸会大学历史学系，1997年），第8—9页。

洲)、周佳荣(香港中文大学新亚书院毕业,留学日本),后来加入的还有林启彦(香港中文大学新亚书院毕业,香港中文大学硕士,留学日本)、关一球(伦敦大学毕业,后赴加拿大),以及每年来自美国的访问学人。刘家驹对后学关怀备至,深为诸人所敬重。新亚研究所硕士班第二届毕业的杨远,亦曾在系里兼课。他的硕士论文题目是《战国时代之战争地理研究》,著有《唐代的矿产》(台北:台湾学生书局,1982年)。

刘家驹著有《历史与现实》(香港:学津书店,1978年),缕述历史、现实两者的关系。其《菲律宾菲化运动之研究》由学津书店于1983年出版,论述1930年代至1960年代的菲化运动,并探讨其发展趋势。刘家驹在香港浸会学院传陈荆和之学,"东南亚华人史"一科,后由门人黄嫣梨任教,周佳荣、伍荣仲亦曾讲授此科及东南亚史[1]。他的学生在怀念刘家驹时,以仁厚的长者、丰富的课堂、委身的态度三事为言[2]。

---

[1] 黄嫣梨《刘家驹老师的治学与修身》,载《历史教育论坛》第三期,第10—11页。
[2] 卢鉴荣《怀念刘家驹老师》,载《历史教育论坛》第三期,第14—15页。

论历史功能和历史教育

1981年，刘家驹在香港浸会学院历史学会主办的"历史双周"活动中，为历史系同学作了一次学术演讲，题为"在现代潮流中谈历史的功能"，指出五个主要方面：

第一，"是让我们脚踏实地、面对现实、开拓眼界与胸襟，抛弃幻想而建立或坚持理想"。从好处说，人类历史是多彩多姿的；平铺直叙地说，是矛盾丛生、多种类型的；从坏处说，则为是非、善恶、美丑混杂的多样化。这些都是历史研究者所要面对、并且必须接受的事实。

第二，"历史不但赤裸裸地告诉我们：这是什么、那是什么，这是知识的科学系统；同时，也使我们知道：人或人类活动或行为，在某些场合或范围内，应当如何、不应当如何，这是属于价值系统，运用在人伦道德方面的"。这就是所谓"实然"与"应然"的问题。人和人类除实然外，必然要触及应然的问题。"这牵涉到人在宇宙中地位问题，也是人性尊严问题，更是人或人类不同于其他动物的价值问题。什么是历史评价，什么是历史的见证，为什么要向历史交代，就是指这些。"

第三，历史的功能"是会使我们个人的生命与团体生命、国族生命或人类生命结合在一起，而不孤立，不孤单"。由历史所呈现的团体生命、国族生命或人类生命，是人的后盾；也可以这样说：个人的生命，通过他对历史的了解，已经与团体、国族或人类的大生命融在一起了。历史的生命，就是指团体精神、民族文化。

第四，历史告诉我们，"我们除了政治之外，仍然有生活"。刘家驹语重心长地说，还有其他各种为满足人类需要的多种方面的生活，如经济、文学、艺术、科技、宗教等等，"也因此而使我们会欣赏和尊重不同的生活方面，协调自己的生活，使之和谐"。

第五，历史"可以提供清除两代之间，形成对立代沟的证据"。他引述汤恩比在接受日本记者访问时所说的一番话："老一代的必须学习新一代的事务；新一代的必须学习老一代的经验。这也就是人或人类一半是与前一世代相联系，一半是可以自由的。谁也不完全自由；谁也不会完全成为历史的俘虏。"

结语指出："我们所生活的时代，是一个开始抛弃幻想、建立理想的落实时代，但仍然是一个价值系统中的道德标准紊乱的时代。"为此，他针对这一时代潮流，提出以上历史研究在这时代所发生的功能①。

刘家驹的著作中，每多有关历史教育的隽语。他指出："一谈到历史，人们不自觉地便以为历史是向后看的。实际上，历史是向前看的。"司马迁说，他的《史记》就是想"述往事，思来者"。钱穆在《史学导言》中认为，一个从事历史研究的人，必然会发现过去的并未过去，未来的已经到来。在研究历史时，对象固然该是过去的资料，然而，其作用则是从现在而展望将来的。刘家驹觉得，"历史的研究是面对着变动，恐怕更加妥帖"。

一个历史潮流的形成，必然有其动力；不过，这动力很少是简单化和绝对化的。如果有人问，这"动力的动力"是什么？刘家驹会毫不犹豫地说："是人对人的爱与关怀。"对于他个人以历史教研工作为志业的抉择，他这样表示："回忆起来，我之所以对历史学产生兴趣，确实是来自教授我历史科的老师们强烈历史感的影响与感染。因为历史感既超越时空，而又与时空相关联。"②

---

① 刘家驹《在现代潮流中谈历史的功能》，载《历史教育论坛》第三期，第1—2页。此文原载《历史系年刊》（香港：香港浸会学院历史学会，1981年）。

② 林启彦辑录《刘家驹先生论史隽语录》，载《历史教育论坛》第三期，第3—7页。

林启彦强调:"先生就历史教育的谠言伟论,每多能发人深省。此皆因先生丰富的人生阅历与精深的治史体会有以致之。这些都是刘先生经过精心琢磨锤炼而成的美言佳句,其中更不乏寓意深长的思想与哲理。"①读《历史与现实》一书,可有更多发现。

研究专著和文章结集

在《菲律宾菲化运动之研究》一书中,刘家驹指出"华侨对菲律宾的开发与贡献,即使在最极端困难的环境里,仍凭天赋的刻苦耐劳精神,胼手胝足地生存下去"。内容共有七章:第一章为导论,第二至第四章分述初期的菲化运动(1934—1944)、第二阶段的菲化运动(1946—1953)及菲化运动的高潮(1954—1961),第五章从思想、政治、文化三方面分析菲化运动的原因,第六章探讨1963年至1968年间菲化运动的趋势,第七章为结论,一再强调华侨华人对菲律宾经济利益和社会发展所作出的贡献。战后以来菲化运动

---

① 林启彦辑录《刘家驹先生论史隽语录》,载《历史教育论坛》第三期,第3—7页。

的来龙去脉，于此可见其概要[1]。

刘家驹因与台湾一位研究明清史的学者同姓同名，因而常用刘健的笔名发表文章。他逝世后，圣神修院神哲学院编集了《刘健先生遗文辑录》于1990年出版。学术论文方面，主要有：《从韩非子之重势思想度释秦明之灭亡》，载《香港浸会学院学报》第四卷第一期（1977年）；《论唐代之朔方军》，载《香港浸会学院学报》第七期（1980年）；《论贞观之治的基本精神》，载《中国历史学会史学集刊》第十七期（1985年）等。此外，亦撰有关于孙中山、徐复观的论文。

刘家驹使用的其他笔名，还有柳以青、马以定等。所撰杂著短文，多论述中国国情及文化出路，亦喜探讨宗教问题和人生哲理，颇具儒雅君子之风。曾出版《天主教在中国》（香港：中国学人出版社，1976年），署林漠野著。

香港浸会学院于1982年聘请英国学历审查委员会来港，评核学院的学术水平，历史系在刘家驹领导下顺利通过审核，系中的教学素质和学术表现均获嘉许。学院于1994

---

[1] 刘家驹著《菲律宾菲化运动之研究》（香港：学津书店，1983年），第2页。

年升格为香港浸会大学，该校历史系成为香港第三个开设学位课程的历史系；其后开办硕士、博士课程，并与地理系、社会系、经济系合办中国研究学士、当代中国研究硕士课程。在艰难中奋斗和成长，亦体现了新亚当初创立和发展的精神。2004年，香港浸会大学历史系编印了一册《刘家驹先生纪念集》，并举行"刘家驹先生纪念奖学金"成立典礼[①]。该奖学金由系中师生和历届毕业校友集资捐设，颁予成绩优秀的本科生和硕士、博士研究生。

---

① 《香港浸会大学历史系四十年图录》，第101—102页。

第十八章
苏庆彬：新亚书院历史系系主任

终身是个"新亚人"

苏庆彬是新亚书院桂林街时代的毕业生，经新亚研究所的培养，而成为农圃道时代至沙田时代的历史系教师，延续了新亚史学的精神和使命。退休后撰《七十杂忆——从香港沦陷到新亚书院的岁月》，晚年从海外返港，捐款资助新亚研究所，回馈母校，终身是一个"新亚人"。

苏庆彬（1932—2016），先祖原籍今陕西省，后迁至广东省惠阳县，他幼年在乡间度过，抗日战争时期曾到香港读书。抗战胜利后再返香港，重回校园生活。一次因参加了新亚书院举行的文化讲座，听钱穆主讲"老庄与中庸"，随即入校读书，1956年毕业于文史系。接着入新亚研究所进修，毕业后任助理研究员、研究员，1967年获香港中文大学硕士学位，同时担任新亚书院历史系教职，直至1993年荣休①。

苏庆彬在历史系任教的科目，包括"中国通史""秦汉史""魏晋南北朝史""中国历史要论"及"中国文化史"。在大学从事教研工作三十多年，本着诚意去鼓励年轻人，不要随便放弃求学机会，打好基础，成为有用之材，其实这正是他自己成长经历的写照②。

苏庆彬在新亚研究所撰写的论文，是《两汉迄隋入居中国之蕃人研究》（1958年）；在香港中文大学的硕士论文，是《清史稿列传本证：诸王列传之部》（1967年）。两篇论文，均由牟润孙指导。1958年完成的论文，经修订后，题为《两汉迄五代入居中国之蕃人氏族研究——两汉至五代蕃姓录》，1967年由新亚研究所以专刊形式出版。

苏庆彬以多年心力研究《清史稿》，至晚年勉力完成《清史稿全史人名索引》上、下两巨册，2015年由中华书局（香港）有限公司出版，为研究清史的学者提供了很大方便。

---

① 黎明钊、李广健《访问苏庆彬老师：忆述新亚五十年》，载香港中文大学历史系编《贯古通今·融东会西——扎根史学五十年》，第321—339页。

② 苏庆彬著《七十杂忆——从香港沦陷到新亚书院的岁月》，2018年再版改题《飞鸿踏雪泥——从香港沦陷到新亚书院的岁月》，封面和封底插画由苏庆彬的女儿、著名插画家苏美璐绘。

在新亚的三个阶段

苏庆彬在新亚40年的经历，可以分为三个阶段：① 在新亚书院的四年，是他生命中的转捩点；② 在新亚研究所由研究生到助理研究员、副研究员到研究员，度过恬静平淡的生活；③ 香港中文大学教学生涯，是他生命中最重要的时期。

1950年代开始，"香港原有英国殖民地色彩的高等教育，又慢慢地酝酿出具有中国传统文化特色的专上教育，与百多年来英国殖民地高等教育同步发展。新亚书院的创立，正是香港现代教育发展史上一个最具代表性的例子"[①]。苏庆彬回忆他早年第一次到桂林街新亚书院参加文化讲座，听钱穆讲"老庄与中庸"的情形，有以下仔细的描述：

> 上到四楼走进讲室，坐满了听众，除了部分也许是书院的学生外，其他不少是中年人，或年老人。我想这些听

---

① 苏庆彬著《七十杂忆——从香港沦陷到新亚书院的岁月》，第180页。

众,若不是热心学术,怎会走上四楼在极其简陋的课室听讲? 当晚,我非常留心地听了一个多钟头,钱先生讲些什么? 都没有听懂,全不明白。只能看着黑板上所写的有关几个字。钱先生个子不高,穿着一件蓝色长衫,讲话时总是面带笑容,一边讲,一边在讲台上踱来踱去,态度从容。内容虽然听不懂,却被他的抑扬顿挫的声音和风度吸引着。①

新亚书院文史系课程中,有专书选读一门,其中的《庄子》是由钱穆担任讲授,共 13 周。钱穆写过一本《庄子纂笺》,叮嘱同学还要读郭象的《庄子》注解。授课时先征引古今各家的注解加以分析,然后提出自己的见解,所以教学进度非常缓慢,整个学期只讲了《逍遥游》《齐物论》《养生主》三篇而已。他教的是一种精读文章的方法,以三篇示范去启发学生的读书方法②。苏庆彬说:"不到一年,钱师所讲的话,除了较难懂的一些外,几乎都能听懂了。钱师讲课时那种从容不迫风度,和抑扬顿挫的声调,更能领略所讲内

---

① 苏庆彬著《七十杂忆——从香港沦陷到新亚书院的岁月》,第 181—182 页。
② 同上书,第 189—190 页。

容的精辟之处。"曾经有位同学毕业后急于找寻出路,显出紧张与惶恐,钱穆作了一个比喻说:"找职业与走上巴士(公共汽车)一样,不必急于东张西望忙去找座位,只要安静地站着,耐心地等候,遇着在你身边的人站起走开,你便可安然坐下,何必急躁?"[1]钱穆的教学和处世之道,于此可见一斑。

晚年的教研工作

1993年,苏庆彬从香港中文大学退休后,在澳门居住,初时在澳门大学教育学院兼任一些历史课程,后来转为专任,在重上讲台的几年间,与同事和学生都相处得十分愉快。这让他有机会了解到澳门教育的一些情况,也让他从中大退休后获得了一份意外的生活体验;同时他亦把钱穆史学带到澳门,达成了两岸四地的传承。在此前后,也有新亚研究所的毕业生在澳门大学任教。

在澳门居留期间,苏庆彬与霍启昌、郑德华合编《澳门

---

[1] 苏庆彬著《七十杂忆——从香港沦陷到新亚书院的岁月》,第313—315页。

历史实验教材》(澳门：华辉出版社，1998年)，主编《跨世纪学科教育——中国语文、历史与地理教学研讨会论文集》(澳门：澳门大学教育学院、澳门教育暨青年局、澳门大学澳门研究中心，2000年)①。

苏庆彬在新亚研究所专治中国历史，长达11年，日常生活平静如水，自云那种恬淡的生活适合他的个性。钱穆一开始便嘱咐他整理《清史稿》，做人名索引，后因缺乏经费，改为进行其他专题研究。但苏庆彬对《清史稿》人名索引的计划一直念念不忘，56年后，几经努力，终于完成钱穆交付给他的此项任务。

1994年后，苏庆彬辗转迁居，人名索引和草稿必亲手携带，不假手于人。至2007年，锐意夜以继日，埋首工作，又历七年有余，后期得诸门生相助，整理工作始告完成②。《清史稿全史人名索引》两巨册，2015年由香港中华书局出版，农圃道时代的毕业生陈万雄为恩师此书作序，结语说："苏师师承钱宾四先生和牟润孙先生，两人学术风格虽不一样，

---

① 苏庆彬著《飞鸿踏雪泥——从香港沦陷到新亚书院的岁月》，第433—434页。
② 苏庆彬《感言一：〈清史稿全史人名索引〉付梓感言》，载苏庆彬编《清史稿全史人名索引》下[香港：中华书局(香港)有限公司，2015年]，第1243页。

但都擅于议论。同时，他们亦极重视为学的严谨和基本功严格的训练。加上严耕望、全汉昇、王德昭以及较年轻的孙国栋和苏庆彬诸师，同样重视基础训练的流风所及，遂造就了新亚一代学风。"①钱穆及新亚师生的史学传承，大略于此可见。

---

① 陈万雄《陈万雄序：由〈清史稿全史人名索引〉以见新亚学风之一端》，载苏庆彬编《清史稿全史人名索引》上，第4页。

附录
钱穆在香港的活动和著述

年份 (年龄)	重 要 活 动	主 要 著 述
1949 (54岁)	春，赴广州，任私立华侨大学教授。秋，随校赴香港 10月，张其昀、谢幼伟、崔书琴创办亚洲文商学院（夜校），任为院长	本年，撰《人生三路向》等文章
1950 (55岁)	本年，改夜校为日校，易名新亚书院，任常务董事、院长，兼文史系主任	本年，撰《中国传统政治》等文章
1951 (56岁)	冬，为筹办新亚书院分校赴台北，未果	《国史新论》，香港、台湾（自印本） 《庄子纂笺》，香港：东南出版社
1952 (57岁)	4月，在台湾遇意外，养病数月	《中国思想史》，台北：中华文化出版事业委员会 《中国历代政治得失》，香港（自印本） 《中国历史精神》，印尼：耶加达〔雅加达〕天声日报

续　表

年份 (年龄)	重　要　活　动	主　要　著　述
1952 (57岁)		《文化学大义》，台北：正中书局
1953 (58岁)	秋，创办新亚研究所，其初在九龙太子道租用一层楼宇作为所址	《四书释义》，台北：中华文化出版事业委员会 《宋明理学概述》，台北：中华文化出版事业委员会
1954 (59岁)	本年，兼新亚研究所所长 卸文史系主任职务，由牟润孙继任	本年，撰《孔子与春秋》等文章
1955 (60岁)	本年，新亚研究所正式招收硕士班研究生 6月，香港大学颁赠名誉法学博士学位	《人生十论》，香港：人生出版社 《中国思想通俗讲话》，香港（自印本） 《新亚学报》（年刊）创刊
1956 (61岁)	1月，与胡美琦结婚 9月，新亚书院农圃道校舍落成迁入，是书院有自己校舍的开始，新亚研究所亦迁入新校舍 文史系分为中国文学系、历史学系，仍由牟润孙兼两系系主任	本年，撰《中国古代北方农作物考》等文章
1957 (62岁)	本年，新亚书院创艺术专修科	《秦汉史》，香港（自印本） 《庄老通辨》，香港：新亚研究所

续 表

年份 (年龄)	重 要 活 动	主 要 著 述
1958 (63岁)	本年，新亚书院增设艺术系	《两汉经学今古文平议》，香港：新亚研究所 《学籥》，香港（自印本）
1959 (64岁)	秋，决定参加香港中文大学，并参与筹设香港中文大学事宜	本年，撰《从董仲舒的思想说起》等文章
1960 (65岁)	本年，赴美国耶鲁大学讲学，获颁荣誉文学博士学位 提议新大学取名中文大学	《民族与文化》，台北：联合出版中心 《湖上闲思录》，香港：人生出版社
1961 (66岁)	本年至1965年间，在新亚研究所举办的学术专题演讲中，一共作了二十次演讲，讲稿大部分发表于《新亚生活》第四卷至第七卷各期	《中国历史研究法》，香港：孟氏教育基金委员会
1962 (67岁)	本年，新亚研究所成立东南亚研究室，由陈荆和担任主任	本年，撰《学问与德性》等文章 《史记地名考》（上、下册），香港：太平书局
1963 (68岁)	10月，香港中文大学成立，包括崇基学院、新亚书院、联合书院 本年，孙国栋继任历史系主任	《论语新解》，香港：新亚研究所 《中国文学讲演集》，香港：人生出版社

续 表

年份 (年龄)	重 要 活 动	主 要 著 述
1964 (69岁)	本年，卸新亚研究所所长职务，由吴俊升继任所长 向新亚董事会辞去新亚书院院长之职，董事会允许他明年正式卸任 择居青山湾，计划撰写《朱子学案》一书 割治青光眼疾 严耕望到新亚书院任教	本年，撰《中国文化体系中之艺术》等文章
1965 (70岁)	6月，卸任新亚书院院长职务，由吴俊升继任院长 7月，赴吉隆坡任马来亚大学教授 本年，全汉昇到新亚书院任教	本年，撰《论中华民族之前途》等文章
1966 (71岁)	2月，因胃病提前返港，住沙田旧居。开始撰写《朱子学案》 本年，王德昭到新亚书院任教	
1967 (72岁)	10月，迁居台湾，住台北市区金山街；翌年7月，入住台北士林外双溪临溪72号素书楼	本年，撰《四部概论》等文章

主要参考书目

一、钱穆部分著作的版本

［1］钱穆著《国学概论》，上海：商务印书馆，1931年；香港：国学出版社，1966年。

［2］钱穆著《先秦诸子系年》，上海：商务印书馆，1935年；香港：香港大学出版社，1956年修订本。

［3］钱穆著《国史大纲》上、下册，商务印书馆，1940年；香港：自印本，1955年；香港：商务印书馆（香港）有限公司，1989年。

［4］钱穆著《秦汉史》，香港：自印本，1957年。

［5］钱穆著《中国思想史》，香港：自印本，1956年；香港：新亚书院，1962年。

［6］钱穆著《中国历代政治得失》，香港：自印本，1952年；香港：人生出版社，1952年。

［7］钱穆著《从中国历史来看中国民族性及中国文化》，香

港：中文大学出版社，1979年。

［8］钱穆著《新亚遗铎》，台北：东大图书公司，1989年；北京，生活·读书·新知三联书店，2004年。

［9］《钱宾四先生全集》五十四册，台北：联经出版公司，1998年。

［10］郭齐勇、汪学群编《二十世纪学术经典·钱穆卷》上、下册，石家庄：河北教育出版社，1999年。

二、关于钱穆的专书

［1］胡美琦著《楼廊闲话》，台北：中华日报，1979年；台北：素书楼文教基金会，2004年；北京：九州出版社，2012年。

［2］严耕望著《钱宾四先生与我》，台北：台湾商务印书馆，1992年；此书有简体字版，收入严耕望著《治史三书》，上海：上海人民出版社，2016年。

［3］李木妙编撰《国史大师：钱穆教授传略》，台北：扬智文化事业股份有限公司，1995年。

［4］郭齐勇、汪学群著《钱穆评传》，南昌：百花洲文艺出版社，1995年。

［5］邓尔麟著，蓝桦译《钱穆与七房桥世界》，北京：社会科

学文献出版社，1995年。按：此书是 *Qian Mu and the World of Seven Mansions*（Jerry Dennerline, New Haven: Yale University Press, 1989）的中译本。

［6］汪学群著《钱穆学术思想评传》，北京：北京图书馆出版社，1998年。

［7］倪芳芳著《钱穆论语学析论》，台北：东华书局出版社，1998年。

［8］台湾大学中国文学系编《纪念钱穆先生逝世十周年国际学术研讨会论文集》，台北：台湾大学中国文学系，2001年。

［9］陈勇著《钱穆传》，北京：人民出版社，2001年。

［10］印永清著《百年家族——钱穆》，台北：立绪文化事业有限公司，2002年；石家庄：河北教育出版社，2003年。

［11］徐国利著《钱穆史学思想研究》，台北：台湾商务印书馆，2004年。

［12］钱穆故居管理处编《钱穆思想学术研讨会论文集》，台北：东吴大学，2005年。

［13］韩复智编著《钱穆先生学术年谱》六册，台北：五南图书出版公司，2005年；北京：中央编译出版社，2012年。

[14] 陈勇著《国学宗师钱穆》,北京: 北京大学出版社,2007年。

[15] 陆玉芹著《未学斋中香不散: 钱穆和他的子弟》,广州: 广东教育出版社,2007年。

[16] 汪学群、武才娃著《钱穆》,昆明: 云南教育出版社,2008年。

[17] 黄兆强主编《钱穆先生思想行谊研究论文集》,台北: 东吴大学,2009年。

[18] 徐国利著《一代儒宗——钱穆传》,武汉: 湖北人民出版社,2011年。

[19] 马森著《与钱穆先生的对话》,台北: 秀威资讯科技股份有限公司,2011年。

[20] 钱行著《思亲补读录——走近父亲钱穆》,北京: 九州出版社,2011年。

[21] 周育华著《从无锡七房桥走出的文化大家 君子儒钱穆评传》,南京: 凤凰出版社,2011年。

[22] 梁淑芳著《钱穆〈论语新解〉研究: 以比较为主要进路的考察》,台北: 文津出版社,2013年。

[23] 戴景贤著《钱宾四先生与现代中国学术》,香港: 中文大学出版社,2014年;上海: 东方出版中心,2016年。

［24］吴华、黄豪、郭俊良、周上群著《传统视域下的钱穆——中外文明交流史数论》，上海：上海科学技术文献出版社，2015 年。

［25］莫名著《不信东风唤不回——随钱穆先生读书》上、下册，香港：天地图书有限公司，2016 年。

［26］周佳荣著《钱穆史学导论——两岸三地传承》，香港：中华书局（香港）有限公司，2017 年。

［27］杨明辉著《钱穆传》，南京：江苏人民出版社，2019 年。

三、关于新亚的专书

［1］黄祖植著《桂林街的新亚书院》，香港：容膝斋，2005 年。

［2］《香港中文大学新亚书院研究所概况》，香港：香港中文大学新亚书院研究所，1965 年。

［3］《新亚研究所概况》，香港：新亚研究所，1999 年。

［4］《新亚历史系系史稿》，香港：香港中文大学新亚书院历史系会，1985 年。

［5］《旧乡与新路——新亚诸师论中国文化》，香港：香港中文大学新亚书院，2002 年。

［6］《诚明古道照颜色——新亚书院 55 周年纪念文集》，香

港：香港中文大学新亚书院，2006年。

［7］屈启秋主编《农圃道的足迹》，香港：商务印书馆（香港）有限公司，2007年。

［8］《与艺同行五十年》（二），香港：香港中文大学艺术系，2007年。

［9］《新亚书院概览2009—2010》，香港：香港中文大学新亚书院，2009年。

［10］《新亚书院六十周年纪念光碟（1949—2009）》，香港：香港中文大学新亚书院，2009年。

［11］《香港中文大学新亚书院金禧纪念活动特刊（1949—1999）》，香港：香港中文大学新亚书院，2001年。

［12］周爱灵著《花果飘零：冷战时期殖民地的新亚书院》，香港：商务印书馆（香港）有限公司，2010年。

［13］《师道传承——从新亚至中大的传艺者》，香港：香港中文大学艺术系系友会，2012年。

［14］张学明、何碧琪主编《诚明奋进——新亚精神通识资料选辑》，香港：商务印书馆（香港）有限公司，2019年。

［15］黄浩潮主编《珍重·传承·开创：〈新亚生活〉论学文选》上、下卷，香港：商务印书馆（香港）有限公

司，2019年。

[16] 谭伟平、张冠雄、蔡玄晖主编《内在的自由——新亚校园生活今昔剪影》，香港：商务印书馆（香港）有限公司，2020年。

四、关于香港教育和学术的专书

[1] 周佳荣、刘咏聪主编《当代香港史学研究》，香港：三联书店（香港）有限公司，1994年。

[2] 陈方正主编《与中大一同成长：香港中文大学与中国文化研究所图史，1949—1997》，香港：香港中文大学中国文化研究所，2000年。

[3] 林亦英、施君玉编辑《学府时光：香港大学的历史面貌》，香港：香港大学美术博物馆，2001年。

[4] 杨永安主编《足迹——香港大学中文学院九十年》，香港：中华书局（香港）有限公司，2017年。

[5] 黄嫣梨、黄文江编著《笃信力行——香港浸会大学五十年》，香港：香港浸会大学，2006年。

[6] 周佳荣、黄文江、麦劲生著《香港浸会大学六十年发展史》，香港：三联书店（香港）有限公司，2016年。

[7] 容万城著《香港高等教育：政策与理念》，香港：三

联书店（香港）有限公司，2002年。

[8] 方骏、熊贤君主编《香港教育通史》，香港：龄记出版有限公司，2008年。

[9] 鲍绍霖、黄兆强、区志坚主编《北学南移——港台文史哲溯源》文化卷、学人卷Ⅰ及Ⅱ，台北：秀威资讯科技股份有限公司，2015年。

[10] 香港中文大学历史系编《贯古通今·融东会西——扎根史学五十年》，香港：三联书店（香港）有限公司，2016年。

[11]《香港浸会大学历史系四十年图录》，香港：香港浸会大学历史系，2018年。

[12]《香港浸会大学历史系四十五年图录》，香港：香港浸会大学历史系，2023年。